中华文化名人访谈书系

走近中原文化名人

ZOUJIN ZHONGYUAN WENHUA MINGREN

蒋晔 编著

河南大学出版社

图书在版编目（CIP）数据

走近中原文化名人/蒋晔编著．—开封：河南大学出版社，2011．1（2013．11 重印）
ISBN 978-7-5649-0372-5

Ⅰ．①走…　Ⅱ．①蒋…　Ⅲ．①文化—名人—生平事迹—河南省　Ⅳ．①K825．4
中国版本图书馆 CIP 数据核字（2011）第 015083 号

策　　划　王四朋
责任编辑　王四朋
责任校对　谢　冰　尚　晴
封面设计　王四朋

出版发行　河南大学出版社
地址：河南省开封市明伦街 85 号　　邮编：475001
电话：0378-2825001（营销部）　　网址：www．hupress．com
排　　版　郑州市今日文教印制有限公司
印　　刷　河南省瑞光印务股份有限公司
版　　次　2011 年 1 月第 1 版　　**印　次**　2013 年 11 月第 2 次印刷
开　　本　787mm×1092mm　1/16　　**印　张**　12．75
字　　数　250 千字　　**印　数**　27001—28500 册
定　　价　25．00 元

（本书如有印装质量问题，请与河南大学出版社营销部联系调换）

作者简介

蒋晔，1962 年生于河南，1979 年考入北京师范大学历史系，1983 年在河南大学历史系工作，并攻读硕士研究生。1986 年调入河南省政府办公厅，在省长办公室工作。1992 年赴新郑县委挂职锻炼，参与策划了以新郑大学城、温州招商、国际机场建设、白猫黑猫雕塑等四件事情为主要内容的影响 20 世纪 90 年代初期河南政坛的“新郑现象”，受到时任河

2000 年 3 月，蒋晔在北京香格里拉酒店拜访国家新闻出版署署长于友先（右）。

2008年春，在北京301医院，蒋晔夫妇拜访河南省人民政府原省长何竹康夫妇。

南省省长李长春的肯定。其新郑探索报告获“河南省政府二等奖”，并参与编撰《中国现代史论著目录索引》、《中华人民共和国史》等著作。

1995年开始进行20世纪500位中华杰出文化人物访问计划，现已访问300多位，其中有冰心、费孝通、雷洁琼、陈香梅、启功、季羡林、张岱年、任继愈、丁聪、乔羽、谢晋、袁世海、周汝昌、王蒙、袁家骝、赵浩生、姚雪垠、常香玉、张光直、钟敬文、本焕法师、觉光法师、惟觉法师、夏荆山居士、汤恩佳等，并在香港《世界华商报》、《光明日报》、《名人传记》、人民日报《大地》杂志、《决策与探索》、《文化时报》、《新慈善》等媒体开辟常年性专栏，著述计有上百万字，其专栏文章在社会流传量已达上千万份。出版有《我的生命中只有祝福》、《成功者访谈》、《我的心是一面镜子》三部著作，获得北京师范大学百年校庆颁发的“为母校赢得了荣誉”的《校友荣誉证书》。

1996年出任漯河市委副秘书长，参与策划漯河公有企业产权制度改革，这一改革被国内经济学界称之为“中国国有企业改革五大模式之一”，受到时任河南省委书记李长春的高度评价，并召开现场办公会予以总结。为此全国媒体发表了近百篇文章予以评论。与之同时，参与策划

"南街现象"，所发表的经济论文及《南街现象》、《漯河魅力》、《新世纪论语》等著作，引起社会热烈反响。

1999年出任双汇集团总裁助理，参与策划双汇股票上市、双汇连锁店在全国推进工作。并在河南省委、省政府组织的大型企业改革开放报告团中，作为主要成员巡讲11个地市，听众均是市地县政界及企业高层领导，引起轰动。并出版《中国实践经济学探索》著作。

2008年春节，蒋晔拜访他在北京师范大学读书时的何兹全老师（右）。

策划出版了《华夏文化传世经典书法版》、《中小学硬笔写字考级标准与辅导丛书》、《小学生写字》、《中学生写字》、《书法艺术》（河南九年制义务教育教材）、《一千零一字》、《写字课本》、曲沃中学校本教材《世界智慧文化》、《中华经典文化》、《中华汉字文化》、《中华书法文化》、《中华武术文化》、《中华医药文化》、《中华道德文化》、《中华服饰文化》、《中华戏曲文化》、《中华晋国文化》、《中华临汾文化》、《中华文明起源》、《中华顾炎武文化》及《白寿彝画传》等图书杂志300余种。

1998年移居北京，现任中华社会文化发展基金会副秘书长、中央财经大学中国改革和发展研究院研究员、黄河科技学院客座教授，参与建设了华夏文化纽带工程专项基金、白居易基金、少林禅武医基金、汉字文化创意基金、国际保险文化基金、爱心基金、至爱无声基金、文博基金、龙基金、老子文化基金、甲骨文基金、本能论基金等工作，并推动了一系列旨在弘扬中华民族优秀传统文化的重大活动，得到了党和国家领导人的肯定和支持。如：

① 2005 年推动郑州中华炎黄坛建设，得到原全国政协主席李瑞环、国务院副总理钱其琛和全国政协副主席张榕明的支持。

② 2008 年参与推动全球最大的北京奥运会“中国印”摩崖石刻，这一奥林匹克历史的首创工程，得到中共中央政治局委员、北京市委书记刘淇，国务委员陈至立的支持。为“中国印”摩崖石刻所写的碑记，被北京奥组委所选定，镌刻在密云县云蒙山。

③ 在 2009 年第二届世界佛教论坛上，推动金丝楠木版巨著《佛像典藏》81 卷出版首发，原全国政协主席李瑞环题写了书名。

④ 2010 年推动世界最大、高达 59 米的老子铜像在洛阳的落成祭拜大典。

⑤ 2010 年与香港中华佛教文化院、凤凰卫视一道，共同推动主办首届中华佛教宗风论坛。原全国人大常委会副委员长许嘉璐予以高度评价。

⑥ 2010 年参与推动首届两岸汉字艺术节。原全国人大常委会副委员长许嘉璐给予大力支持。

2009 年 11 月 29 日，蒋晔在香港拜望 92 岁的觉光法师（左二）。

序言：生命的探索

蒋 晔

河南大学是我的母校，河南大学出版社王四朋主任是我的老朋友，学校希望出版《走近中原文化名人》一书，让我予以支持，我只有服从并效力，以报母校之恩。

从1995年开始，我与李毓梅大姐便开始合作采访中原文化名人，当时我们都在河南省人民政府办公厅工作，采访的重点是在河南省范围，以郑州市为中心，采访的局限性由此可知。

1996年，我调任漯河市委副秘书长，不久，我全家又迁往北京，这样，我等于是在河南、北京之间两地生活与工作，也正是这个特殊的原因，我在北京、上海、香港、台湾等地和美国、新加坡、马来西亚等国，开始了现代中华文化名人的访问计划。此时，已不限于在中国生活、工作的文化名人，还包括了外籍华裔。在中华文化名人访问中，因我是河南人的原因，所以，就特别想访问故乡是河南的名家。更为有趣的是这些来自河南的文化大家，大多与历史悠久、人文发达的河南大学有着千丝万缕的关系，这更增加了一份天然的亲近。

15年来，我已访问中华文化名人300多位，涉及文化艺术界、学术教育界、自然科学界诸多方面，从采访的内容上，随着我的年龄增加，以及阅历的丰富，使我思考问题的角度，发生了非常大的变化。一开始，我采访的重点，集中在文化名人是如何走向成功的？此时，我的年龄是40岁之前。

在40岁之后，我采访关注的重点是：文化名人在事业上虽然取得了骄人的成绩，但就人生来说，却不一定过得幸福。这是为什么？功成名就、厚禄重权，却与幸福感不成正比例的关系，反而在很大程度上，为其所累。那么，什么才是幸福的人生？成功所带来的名利权色，给文化名人带来的往往是走向反面，在其成功光鲜的背后，往往是酸甜苦辣，什么味道都有。更有甚者，成功的文化名人，存在着许多不为众人所知的绝对隐私，而这些绝对隐私不敢、也不能大白于天下，这正是苦恼之因，可以说，是人生的教训。更多的文化名人，在20世纪乱云飞渡、惊涛骇浪的军事战争、阶级斗争、经济竞争的“三争”时代，不由自主地随波逐流，走错一步棋，甚至多步棋，使短暂的人生，在痛苦中煎熬了很长时间，浪费了大量光阴，年华飞逝，生命不再，教训十分深刻。这正是我这一时期访问探索的重点。

45岁之后的近几年，我的采访向更深的人生隧道迈进，我猛地悟到一个重大话题：如果不知道什么是死，就无法探讨死前的人生如何获得幸福。人生的幸福，与对死的理解有密切的关系，不知死，焉知生！明白生死，了却生死，超越生死，才能摆脱死亡给人所带来的最大、最根本的痛苦。生死置之度外了，一切均可放下解脱了。

围绕这个重大人生课题，我开始了关于信仰体系的访问，也正是这个原因，我的访问聚集在有宗教信仰、有人类终极关怀追求的文化人物身上，我从“名人”的“名”，走向了非常名的“真人”。从外在的“名”，走向内在的“真”。读“真人”之图书、阅“真人”之神情、访“真人”之亲友，使我近些年的访问所获得的愉悦，是40岁之前少有的。这些访问，使我明白了什么是知识？什么才是智慧？什么是过眼的烟云？什么才是永恒的遗产？

人生百年，恰似原始社会、奴隶社会、封建社会、资本主义社会、社会主义社会和共产主义社会等多种社会形态的真实体验，在更高一个水准的社会形态中、生活体验的时间越长，您就会比水准低一个档次的社会形态，获得更多的幸福。社会形态越是高级，幸福指数就越高，人生就会获得真善美、自由平等博爱的大快乐。任何一个人，谁理解了这一点，谁参透了人生真谛，谁就不会幼稚原始、谁就不当痛苦奴隶、谁就不再封建局限、谁就不被资本驱使、谁就不入社会圈套，谁就会早日进入物质极大丰富、精神极大自由的大自在、大自由的共产主义社会，这个社会就在您的心中、就在您的手中、就在您的脚下，它不是遥不可及，它不是空想、梦想，而是一种实在的存在。当您和有缘者千里相会，与有信仰者同行合作，那种工作已经不是一种职业、而是一种事业的快感，一种志同道合者的良性互动，这是无此体验者难以感知的。

我对高山大河的访问，仍在继续，因为，我还有一些困惑需要破解。这个解惑的过程非常精彩，让你感觉到一种上瘾、过瘾。我希望把这个瘾，传染给您，这个“超级病毒”，会使您超级享受。

2010年12月15日于北京紫霄园

目 录

冯友兰简历：

冯友兰，字芝生，著名哲学家、哲学史学家、教育家，北京大学教授。1895 年生于河南省南阳市唐河县，1990 年去世，享年95 岁。1915 年考入北京大学，1920 年留学美国哥伦比亚大学，1923 年任中州大学教授，1926 年任燕京大学教授，1928 年任清华大学教授，后任清华大学文学院院长、西南联合大学教授，并任美国宾夕法尼亚大学客座教授、夏威夷大学客座教授，获普林斯顿大学名誉文学博士学位、印度德里大学名誉文学博士学位、哥伦比亚大学名誉文学博士学位，1983 年后任全国政协六届、七届常委，并任中国文化书院名誉院长、中华孔子研究所名誉所长。其重要著作有：《新理学》、《新事论》、《新世训》、《新原人》、《新原道》、《新知言》等“贞元六书”，又著《中国哲学史》、《中国哲学简史》、《中国哲学史新编》（七卷）等“三史”，并出版《三松堂全集》。

冯友兰：海阔天空我自飞

冯友兰先生去世于1990 年，享年95 岁。他这一生，不是喜剧，也不是悲剧，而是悲壮之剧，他的命运与中华民族近百年的命运共沉浮，他是这个时代知识分子在坎坷遭遇之中，天下兴亡、匹夫有责的象征。冯先生的一生，是一部历史大片，我相信总有一天，电影巨片《冯友兰传》会问世，因为他是我们这个民族旧邦新命、走向共和、走向现代化的缩影。

一、“三松堂”的天地境界

“三松堂”是冯友兰先生在北京大学燕南园57 号的寓所称谓，从20 世纪50 年代开始，直到今天，冯先生及其女儿宗璞一家，一直住在此处，光阴已越半个世纪。庭园有三棵松树，挺拔青翠，生机盎然，冯先生热爱松之品格，故命寓所为“三松堂”。2008 年2 月春节期间，我陪同冯先生的

冯友兰故居——三松堂。

弟子、清华大学教授刘鄂培先生，为筹办张岱年先生百年诞辰纪念活动，而到此拜访宗璞老师。宗璞老师二话没说，当即在倡议书上签字支持。

此时的“三松堂”，正值隆冬时令，万木凋谢，唯有那园中的松树常青，我猛地想到“岁寒，然后知松柏之后凋也”这句格言。这句格言，岂不正是对冯先生一生的写照吗？

冯友兰这一生大灾大难，没有过上几天平静安逸、可以好好做学问的日子。在 1949 年之前，他经历了血与火的战争。在此之后，他又深陷灵魂深处闹革命的阶级斗争。所庆幸的是，冯先生从 1980 年之后，到 1990 年，即 85 岁—95 岁这 10 年，他遇到了改革开放的新时代，才使他的人生圆满地画上了一个句号，他以大自由、大自在的人生境界，口述完成了他的巨著《中国哲学史新编》七卷，在耳不聪、目不明的身体状态下，他要“海阔天空我自飞”。

我常常想，如果冯友兰先生在残酷的阶级斗争中，想不开而自杀。或者身心疲倦而未长寿。或长寿而万念俱灰。那么，他的最重要的、晚

2008年2月9日，蒋晔（右）与清华大学教授刘鄂培（左）在冯宗璞家中，共商纪念张岱年先生百年诞辰事宜。

年精华著作，便不可能诞生。可以说，他的第二次学术生命，是从85岁开始的。我们扪心自问：您见过这样的老人吗？85岁还在以极大地毅力、干着自己未竟的事业。在这期间，他重病过几次，只因《中国哲学史新编》未完成，他抓紧到医院治病，他甚至说："现在治病，是因为书未写完。等书写完了，就不必治了。"临近95岁的时候，巨著写完了，他想说的话说完了，他没有遗憾了，他便说走就走了，书完后4个月，他安然离去，离他的生日只差几天。他的遗体火化那一天，即1990年12月4日，这一天正是他的生日，他是生与死、赤条条来去无牵挂同在一天，时间怎么会是如此巧合？他超越了生死，死对他来说，则是涅槃、重生。

他的学生涂又光讲：在冯先生生命的最后半个月，他还断断续续说了一些话。我注意到，这些话里都没有"死"字，更没有说他身后如何。我领悟到，他言不及死，是因为他心无死字。先生是超越死生的人。这就是他在《新原人》中讲的天地境界。先生之学的中心问题，是人生精神境界中的天地境界。天地境界，就是"极高明而道中庸"的境界。有天地境界的人，对于死生大事的态度，是"存，吾顺事；殁，吾宁也"。

生亦顺化，死亦顺化，毫无芥蒂萦怀，所以超越死生。挨批挨斗，若无事然，照样吃得，照样睡得。不吸烟，不嗜酒。坚持锻炼身体，并有从师习武的童子功，收藏兵器的爱好。得享高寿，岂是偶然。为此，我作了一副挽联，悬挂在冯先生遗体告别仪式的灵堂：

为天地立心，为生民立命，求仁得仁，安度九十五岁；

誉之不加劝，非之不加沮，知我罪我，可凭六百万言。

冯友兰与女儿宗璞。

冯友兰的女儿宗璞讲："'存，吾顺事；殁，吾宁也。'父亲很赞赏张载《西铭》中的这最后两句，曾不止一次讲解：活着，要在自己恰当的位置上发挥作用；死亡则是彻底的安息。对生和死，他都处之泰然。"

冯友兰先生是一位将天地境界视为人生最高境界、并完全融入自己生活之中的哲学家，可以讲，他是一位真正的哲学家，因为他明白了生死，了却了生死。也正是这个原因，哲学的智慧让他渡过了生命中的千难万险、刀山火海。冯先生在波涛汹涌、浊浪滔天的人生大海中能够长寿，实在不容易，其根本之因，源于他的天地境界。

冯先生在其所著《新原人》书中提出了人生的四种不同层次的精神境界。即自然境界、功利境界、道德境界和天地境界。哲学的目的和作用是，使人最终达到最高层次的天地境界，在日常生活中体验到生命的永恒意义，与天地同流，与宇宙同在。这也就是中国传统哲学中所说的"极高明而道中庸"。

有天地境界的人不必做什么特别的事情，他的生活就是普通人的生活，但对于有这种境界的人来说，这样的生活，已经有了与一般人完全不同的意义，过这样生活的人，才能真正体会到人性的、解放自由的至乐。"极高明而道中庸"中的"高明"，是指人生的最高精神境界，"中庸”是指日常生活。二者的统一，就是中国传统哲学中所说的内圣外王之道，也就是超越了自然和人类界限的天人合一。

人生境界说可以说是冯友兰哲学思想中最珍贵的部分。他曾说，平生立论最不可改变的就是境界说。人对于宇宙人生的觉解程度，有所不同。因此宇宙人生对于人的意义，亦有不同。自然境界是指人对其行为只有生物直觉；功利境界指人知其行为是满足自己的私欲；道德境界指人知其行为是利他的，是有益于社会公益的；天地境界，亦即哲学境界，指人对其行为还自觉有超社会、为天地立心的意义。前两者是自然的产物，后两者是精神的创造。

20 世纪 80 年代后期，冯友兰（左）与北京大学哲学系教授张岱年合影。

冯友兰与张岱年的哥哥张申府是好朋友，张申府是中国共产党的创始人之一，他是周恩来的入党介绍人，他把罗素哲学介绍到中国，对中国产生了极大影响。正由于这层关系，冯友兰便看上了毕业于北京师范大学的张岱年，于是就把堂妹冯让兰介绍给他，两人结为百年夫妻。冯友兰的妹夫张岱年，对冯先生知之甚深，我在访问岱老时，他讲：

> 冯先生在《新理学》、《新原人》等著作中，强调提高精神境界。从他的态度、言行来看，他确已达到很高的精神境界。他的态度谦和宽温，待人接物，从无疾言厉色。50 年代，他虽然表示赞同唯物主义，但仍多次受到批判，他坦然夷然，从无愠色。当时对冯先生的批判实有过“左”之处。在“文化大革命”中，冯先生更受到猛

烈的冲击，当时冯先生表现了类似“见侮不辱”的超脱态度。

80年代初以来，冯先生强调《易传》所说“修辞立其诚”。有一天他对我说：“现在我赞成《庄子·逍遥游》所说的宋荣子的态度：‘举世而誉之而不加劝，举世而非之而不加沮。’我认为是真理的，就要坚持了。”我当时对他说：这正是哲学家应有的态度，本来就应如此。其实这也是唯物主义者应有的态度。对于冯老的这次表态，我表示深切的敬意。

宗璞老师讲：老实说，几十年来，从我的青年时代开始，耳闻目睹，全是对父亲的批判。父亲自己，无日不在检讨。现在看来，人们的看法愈来愈接近事实，这是长寿的好处。父亲曾说：长寿的重要在于能多明白道理，尤其是哲学道理，若无生活经验，那是无法理解的。

从父亲身上我看到了一点，即内心的稳定和丰富，这也可能是长寿的原因之一。他在具体问题前可能踌躇摇摆，但他有一贯向前追求答案的精神，甚至不怕否定自己，历史的长河波涛汹涌，在时代证明他的看法和事实相谬时，他也能一次再一次重新起步。我常说中国人神经最健全，经得起折腾。这和儒家对人生的清醒，理智的态度和实践理性精神，是有关系的。而中国传统文明的另一重要精神，无论是曾子“浴乎沂，风乎舞雩，咏而归”的愿望，或是庄子游于无何有之乡的想像，或是“我来问道无余说，云在青天水在瓶”的禅宗境界，都表现了无所求于外界的内心的稳定和丰富。

照父亲的了解，那“孔颜乐处”，是把出世和入世的精神结合起来，从而达到彼岸性和此岸性的一致。所以能“胸次悠然”。所以父亲能在被批判得体无完肤，又屡逢死别的情况下活下来，到晚年依然思路清楚、记忆鲜明，没有一点老人的执拗和怪癖。有的老先生因看不懂自己过去的著作而厌世，有的老先生因耳目失其聪明而烦躁不安，父亲却依然平静自如。其实他目力全坏，听力也很可怜。但他总处于一种怡悦之中。没人理时，便自己背诗文。尤爱韩文杜诗。有时早上一起来便在喃喃背诵：“青青陵上柏，磊磊涧中石。人生天地间，忽如远行客”。“浩浩阴阳移，年命如朝露。人生忽如寄，寿无金石固。”他在诗词的意境中似乎觉得十分安宁。

在2008年2月宗璞老师送我一书，书中有一篇她写的重要文章《向历史诉说》，她在文章中写道：20世纪的学者中，受到见诸文字的批判最多的便是冯先生。甚至在课堂上，学生们也先有一个指导思想，学习与批判相结合，把课堂讨论变成批判会。……应该说的是，冯先生对于批判者从来不心存芥蒂，在家里从来没有对哪一个个人表示过不满。他知道烧烤别人的人自己并不好受，而且大多后来也受到烧烤。“夫子之道忠恕而已矣”，我在父亲身上感到他充满理解与同情的博大胸怀。

他的心境如光风霁月，如晴空碧海，他“俯仰无愧怍，海阔天空我自飞”。他晚年不参加任何会议，一方面是因为身体欠佳，另一方面正表现了他看破一切、潇洒自如，“愈写愈自由”的心境。……

父亲一生对物质生活的要求很低，他的头脑都让哲学占据了，没有空隙再来考虑诸般琐事。而且他总是为别人着想，尽量减少麻烦。我持家的能力很差，料理饭食尤其不能和母亲相比，朋友都惊讶我家饭食的粗糙。而父亲从没有挑剔，从没有不悦，总是兴致勃勃地进餐，无论做了什么，好吃不好吃，似乎都滋味无穷。这一方面因为他得天独厚，一直胃口好，常自嘲“还有当饭桶的资格”；另一方面，我完全能够体会，他是以为能做出饭来已经很不容易，再挑剔好坏，岂不让管饭的人为难。

我觉得父亲是有些仙气的，这仙气在于一切看得很开。在他的心目中，人是与天地等同的。“人与天地参”，我不止一次听他讲解这句话。《三字经》说得浅显，“三才者，天地人”。既与天地同，还屑于去钻营什么！

父亲的呆气里有儒家的伟大精神，“天行健，君子以自强不息”，自强不息到“知其不可为而为之”的地步；父亲的仙气里又有道家的豁达洒脱。秉此二气，他穿越了在苦难中奋斗的中国的20世纪。

有人曾访问冯先生，问其长寿养生秘诀，他意味深长、而又幽默地说：“不……着……急。”

冯友兰的一位同事，曾亲眼目睹了1952年对冯友兰的一次猛烈批判，他在回忆录中写道：对他最猛烈的一次批判是在1952年的“三反”“五反”运动中，我现在回想起来还有点毛骨悚然。那次文科师生大会事先没有说是对他的批判会，但临时有社会学系的教师走上讲台，对冯先生作突然袭击式的长篇政治批判，内容无非是说冯是国民党蒋介石的“御用文人”，由蒋介石聘为家庭教师，“一贯为国民党效犬马之劳”之类。批判中虽没有什么实质性的揭露，但由于批判人声嘶力竭的表情，摩拳擦掌的姿态，再加上当时群众反蒋的政治热情，气氛确是很吓人的。这样的批判会在后来，尤其在反右和文革期间，也就司空见惯了。但在当时的清华园，却是破天荒第一遭。

我当时想，发言的教师乃是一位“积极分子”，他站出来批冯一定是清华教员党总支布置的任务，冯先生自己也会意识到这是有来头的。当时他在座位上默不作声，我恐怕他会忍受不了而萌发轻生之念，所以就对坐在我旁边的李广田先生低声说:“会后请你陪冯先生回家吧!”李广田也感到有此必要,开完会就一路陪送他回家。次日我询问了李先生,他说冯先生尚平静,没有沮丧的表情。我当时想,冯先生倒真是学通了孔子“君子不忧不惧”的教导,能做到处变不惊、临危不惧。

一位北大哲学系的学生回忆,冯友兰在“文革”中的主要任务就是必须完全否定自己,他印象最深的一件事是,某次系里传达毛主席最新指示:“扩大教育面,缩小打击面,彻底孤立一小撮阶级敌人”。传达完毕,示意冯友兰表态,他会意地说:“我理解毛主席的话,扩大教育面,再扩大也扩大不到我冯友兰;缩小打击面,再缩小也包括我冯友兰,因为我就是一小撮阶级敌人。”这正是冯友兰在狂风骤雨之中、与众不同之处。怪不得与冯先生同时代的佛学研究专家汤用彤,早在抗日战争时期的云南昆明,就对冯友兰有过如此评价:“南方人聪慧,北方人朴重,南方人才多于北方,北方人才不出则已,出一个就不平常,像冯芝生,南方少见。”

二、横渠四句

北宋哲学家张载,是陕西省眉县横渠镇人,世称横渠先生,他最为著名的横渠四句是:“为天地立心,为生民立命,为往圣继绝学,为万世开太平。”冯友兰先生对此心向往之、高山仰止。

他的学生、现为清华大学教授、80多岁的羊涤生先生告诉我:“记得他在清华时住在乙所,一进门就挂着张载的‘为天地立心,为生民立命,为往圣继绝学,为万世开太平’,横批是‘继往开来’。我们这些当时的学生们,在背后议论,把乙所叫做‘太乙洞天’,把冯先生叫作‘太乙真人’。学生们主要是就气象而言的。”

最有意思的是,冯友兰的这位学生,今天在其客厅也挂着“横渠四句”,书写者是他的另一位老师张岱年先生。看来,张载的哲学精神,在冯友兰师生那里一脉相承。而且这个传承又延续到羊涤生教授的外孙那里。2010年秋季的一天,我去羊教授家,看到岱老所写“横渠四句”书法条幅的最下面,盖有几处卡通印章,一看便知是儿童所为。羊教授见我发现了此事,便告知是几岁的外孙所为,他十分生气,便叫外孙写了一份检讨书。我要了这一份具有纪念意义的幼儿检讨书:“前天,我犯了一个天大的错。我把老爷的老师张岱年亲笔写的、宋代张载写的横渠四句的条幅上,盖了我的印章,这个条幅上写的是‘为天地立心,为生民立命，为往圣继绝学，为万世开天平’。在去 shí táng（食堂）的路上，老爷狠狠的 pī píng（批评）了我，于是，回到上地，我把这首诗读了一遍，děng（等）我长大后我一定 àn zhào（按照）这首诗说的 bàn（办）。回到家中，我把这个 jiǎn tǎo（检讨）写了下来。我觉得这首诗写得很好。”看来，羊教授也成了“太乙真人”。

1935 年，冯友兰母亲吴清芝将返回河南，全家在清华大学乙所院中合影。后排中为吴清芝，左为任载坤、右为冯友兰。前排四子女，左起：长女钟琏，长子钟辽，次女钟璞，次子钟越。

冯友兰先生的侄女冯仲芸，与任继愈成婚，任先生后来担任国家图书馆馆长，是我国著名的宗教学研究专家。作为侄女婿的任继愈，对长辈冯友兰了解很深。我多次拜访他，更多地了解到冯先生为什么常常以“横渠四句”抒发心中思考的原因：

冯友兰学术活动的时代，在20世纪。中国人是怀着屈辱走进20世纪的。1900年，八国联军占领了中国的首都北京，赶走了皇帝，迫使中国签订了不平等条约。从此，中国时时处在被瓜分的边缘。20世纪给中华民族的历史使命是救亡图存，促进中国现代化，迅速摆脱半殖民地的地位。冯先生的哲学史是在这种背景下撰写的。它是一部学术著作，却又不是纯学术的著作。国家危难，唤醒了广大爱国人士，人们从不同的岗位提出救亡图存的主张。企业家提出实业救国，教育家提出教育救国，各政治团体和党派也都提出了他们的救国纲领。

旧版《中国哲学史》出版于1934年，当时日本军已经占领东北三省，冯先生在《中国哲学史》序二中写道：

“此第二篇稿最后校改时，故都正在危急之中，身处其境，乃真知古人铜驼荆棘之语之悲也。值此存亡绝续之交，吾人重思吾先哲之思想，其感觉当如人疾痛时之见父母也。吾先哲之思想有不必无错误者，然“为天地立心，为生民立命，为往圣继绝学，为万世开太平”，乃吾一切先哲著书立说之宗旨。无论其派别如何，而其言之字里行间，皆有此精神之弥漫，则善读者可觉而知也。”

《序》中用了“铜驼荆棘”的典故，绝不是夸大其辞。当时的中国确实处在亡国的边缘。当时，日本军用飞机无限制地在市区上空低空飞行，学生上课时飞机噪音干扰了讲课，有时不得不停一两分钟，飞机过去接着再讲，机翼上鲜红的日本徽志刺伤了每一个中国人的心。北京已经是一个边城。果然，1937年，日本侵略战争全面开始了。

10年后，冯友兰先生在战争流离颠沛中先后出版了几部哲学专著，《新理学》、《新事论》、《新世训》、《新原人》等六部。他在《新原人》序中说：“‘为天地立心，为生民立命，为往圣继绝学，为万世开太平’，此哲学家所应自期许者也。况我国家民族值贞元之会，当绝续之交，通天人之际，达古今之变，明内圣外王之道者，岂可不尽所欲言，以为我国家致太平，我亿兆安心立命之用乎？……此《新理学》、《新事论》、《新世训》及此书所由作也。”

出版《中国哲学史》10年后，也就是在日本侵略军战败投降的前二年，冯先生再次提出张载的“为天地立心，为生民立命，为往圣继绝学，为万世开太平”的名言，国家危难之际，爱国知识分子的历史使命感，一片赤诚跃然纸上。

从羊涤生先生、任继愈先生那儿所知，冯友兰先生在20世纪30年代、40年代、50年代，一直反复倡导“横渠四句”，在其最后的著作《中国哲学史新编》于1990年写完之际，他仍在书的结尾处写上：

为天地立心，为生民立命，为往圣继绝学，为万世开太平。高山仰止，景行行止。虽不能至，心向往之。

可以讲，北宋哲学家张载的“横渠四句”，是我们了解冯友兰一生、并真正理解他的金钥匙。因为，这“四个为”贯穿了他的春夏秋冬四季。为此，我们就不难理解冯先生为什么能在国难当头、生活极其艰苦的条件下写出“六书”？为什么能在空前强大的压力下不自杀、不发疯、也不沉默？为什么能在耳目失其聪明、生活不能完全自理的最后10年，写成巨著，创造出学术史上的奇迹？他为了“四个为”。他为了这个多灾多难国家和民族的“旧邦新命”。

冯友兰先生在1946年西南联大纪念碑上，首提《诗经》的两句诗：“周虽旧邦，其命维新”。他写道：将来建国完成，必于世界历史，居独特之地位。盖并世列强，虽新而不古；希腊、罗马，有古而无今。惟我国家，亘古亘今，亦新亦旧，斯所谓“周虽旧邦，其命维新”者也。这是冯先生的平生得意之作。

1982年，冯先生赴美国哥伦比亚大学接受名誉博士学位，在此致辞中，87岁的他再次向人们阐释了自己的人生追求：我经常想起儒家经典《诗经》中的两句话：“周虽旧邦，其命维新”。就现在来说，中国就是旧邦而有新命，新命就是现代化。我的努力是保持旧邦的同一性和个性。而又同时促进实现新命。

他在《三松堂自序》中说：

> 我常以身为中国人而自豪，因为中国人既有辉煌的过去，又有伟大的将来。……我经常想起儒家经典《诗经》中的两句话：“周虽旧邦，其命维新。”就现在来说，中国就是旧邦而有新命，新命就是现代化。……中华民族的古老文化虽然已经过去了，但它也是中国新文化的一个来源，它不仅是过去的终点，也是将来的起点。将来中国的现代化成功，它将成为世界上最古也是最新的国家。……新旧相续，源远流长，古老的中华民族文化将放出新的光彩。

1987年，92岁的冯友兰再次表达他的“旧邦新命”观点：

> 古老的民族，都有许多文化传统，后来的人应当溯其源而究其流。择其善者而从之，其不善者而改之。从之是继承，因为这是历史在旧基础上的发展；改之也是继承，因为这也是历史在旧基础上的发展。从之改之结合起来，这个民族的特色就表现出来了。
>
> 《诗经》有一首诗说，“周虽旧邦，其命维新”，我把这两句诗简化为“旧邦新命”。这四个字，中国历史发展的新阶段足以当之。

> “旧邦”指源远流长的文化传统，“新命”指现代化和建设社会主义“阐旧邦以辅新命”，余平生志事盖在斯矣。

羊涤生先生告诉我：“1988 年夏，我去芝生师家，看到他自书对联‘阐旧邦以辅新命，极高明而道中庸’。他说：‘前一联是说我所做的工作，后一联是讲的境界。’我感到概括极好，以芝生师的二部中国哲学史而言，主要是‘阐旧邦’，但并非为‘阐旧邦’而‘阐旧邦’。‘阐旧邦’的着眼点乃在于‘辅新命’，他的‘贞元六书’也是为了‘辅新命’。”

“阐旧邦以辅新命，极高明而道中庸”这个对联，在 1988 年 7 月 10 日，由 93 岁的冯友兰先生在眼睛近于失明的情况下书写，他虽然看不见，类似盲写，全凭感觉，但是，他的心是无比的光亮。他这一生就是为此使命而来。冯友兰曾在《三松堂自序》中回忆此时的心情：

> 经过“四人帮”这一段折腾，我从解放以来所得到的政治待遇都取消了，我又回到解放初那个时期的情况。这也可以说是“赤条条来去无牵挂”吧。可是又不然，还是有一件大事牵挂着我，那就是祖国旧邦新命的命运，中华民族的前途。

正是在冯友兰思想影响下，我在 2006 年至 2008 年直接参与推动了第 29 届北京奥运会“中国印”摩崖石刻的策划工作，并有幸在 2008 年 3 月参与了《“中国印”摩崖石刻记》碑文的撰写工作，当我接到这个任务后，我在第一时间所写的第一稿中，立即想到了冯友兰先生所倡导的“横渠四句”和“旧邦新命”这个理念。当我拿着第一稿征求均已 80 多岁高龄的刘鄂培先生和宗璞老师意见时，他们都给予了肯定的指导，我便沿着这个思路，完成了这篇碑文。当读者朋友念及碑文时，您一定会发现冯友兰思想的光影：

“中国印”摩崖石刻记

> 经北京奥组委授权华夏文化纽带工程组委会、并与北京市密云县人民政府共同建设的“中国印”摩崖石刻工程，由北京城建六公司施工建设，在中国改革开放 30 周年之际、北京奥运会举办之时竣工落成。
>
> 北京奥运会会徽“中国印·舞动的北京”，将肖形印、中国字和奥运五环有机结合，幻化成一个向前奔跑、舞动着迎接胜利的运动人形，表达北京张开双臂热情欢迎世界各国朋友的到来，它凸显了

中华文化的特色，凝聚了新北京、新奥运，绿色奥运、科技奥运、人文奥运的理念，展现了奥林匹克和平、友谊、进步的宗旨，更快、更高、更强的精神。它是北京奥运会留给中国人民，留给奥林匹克运动的宝贵财富。

“中国印”摩崖石刻高96米、宽38米，铭刻在海拔968米的云蒙山云龙涧主峰，是博大精深的中华文化与国际奥林匹克精神完美结合的标志，为北京奥运会留下永久的记忆，是奥运史上的文化创举。其功著矣，特作此颂，勒石以志：

华夏文明，源远流长。炎黄子孙，道合阴阳。
筚路蓝缕，饱经沧桑。众志成城，崛起东方。
自强不息，改革开放。北京奥运，新命旧邦。
厚德载物，兼和益彰。中国之印，如意吉祥。
摩崖石刻，灿烂乐章。云蒙高耸，日月同光。
俯瞰碧水，烟雨茫茫。眺望幽燕，关山苍苍。
为天地立心，正气浩荡。
为生民立命，宠辱皆忘。
为往圣继绝学，智慧未央。
为万世开太平，人类无疆。

华夏文化纽带工程组委会
密云县人民政府
公元二〇〇八年六月

在此碑文中，我将“旧邦新命”，调整为“新命旧邦”，以求押韵。我将北宋哲学家张载的“横渠四句”，以排比句形式出现，并加以新的解释，使“四个为”的内容更易为今人所理解。也正是由于我将冯友兰先生的“旧邦新命”思想和张岱年先生的“兼和”思想，融入了北京奥运会“同一个世界，同一个梦想”的理念之中，才使得这个碑文在先后上报的多个碑文中被迅速确认，碑文的核心部分“颂”，北京奥组委在组织专家学者讨论和上层领导审定时，一个字也未改动。不久，这个碑文便被镌刻在北京密云县云蒙山之巅。“中国印”摩崖石刻，是中国有史以来最大的摩崖石刻，其耸立山顶，约有33层楼之高。这是世界奥林匹克历史上的首创，其成为中华民族21世纪崛起复兴的象征之一。我想，渴望着中华民族早日强大的冯友兰先生、张岱年先生的在天之灵，对这个碑文所弘扬的思想一定会十分欣慰。《“中国印”摩崖石刻记》，在一定意

全球最大的、美国 NBC 电视台在北京奥运会开幕式上，对“中国印”摩崖石刻用卫星照相机进行的报道。该摩崖石刻坐落在北京密云县云蒙山之巅。作者蒋晔为此所撰写的碑文，体现了冯友兰的思想。

义上可以称之为北宋张载“横渠四句”碑、当代冯友兰“旧邦新命”碑和张岱年“兼和”思想碑。

三、经世致用的哲学

为总结张岱年“兼和”思想、为《“中国印”摩崖石刻记》碑文做出重要贡献的刘鄂培教授，曾告诉我一个故事：

> 1985 年 5 月，我到芝生师燕南园寓所，就讲授《中国思想史》中的几个问题求教芝生师。当我告别时，他紧握着我的手，将我拉在他身旁的椅子上，说：“我还有话要说呢！”
>
> 芝生师说：“当前社会上的所谓‘不正之风’，有如人体上长了脓包，现在的办法是采取西医的动手术办法，将脓血挤掉，敷上药膏。这是不能解决问题的。第一个脓包好了，下面又生出第二个；第二个治好了，下面再生出第三个。这种办法叫做治标不治本。”
>
> “何谓治本?”我问。
>
> “若按照中医的治疗办法就不同。人体上长脓包，是由于血中有热毒。治疗的办法是先清血。血中的热毒被清除，然后脓包自愈。”
>
> “那么，对社会‘不正之风’又如何治本?”我进一步问。

“关键在于提高社会道德水平，提高人的精神境界！”芝生师果断地说。

“不正之风”在1985年芝生师说这番话的时候，还不是十分严重，也没有引起社会的广泛重视。今天，我们重温芝生师的这一席话，感触更深：芝生师思想敏锐、洞察过人，他为医治社会“不正之风”所处的药方，真是一语切中时弊。1985年，芝生师已年届九十高龄，仍在为我们民族、国家、社会的安危而思考。芝生师的这种“匡时济世”、“经世致用”的学风，至垂暮之年仍不稍减。多么不易，多么可贵！

1985年10月，芝生师九秩大寿前夕，他嘱我篆刻一方闲章。请示印文，芝生师说：“刻‘敝帚自珍’四字。”我以“敝帚自珍”四字刻朱文、白文石章两方作为寿礼。芝生师愉快地接受了这份小小的礼物，并挥毫书“元遗山论诗绝句”以赠我：“眼到心生句自神，暗中摸索总非真；画图临尽秦川景，亲到长安有几人。”芝生师以联系实际、深入实际来勉励我。我十分珍爱它，一直挂在书房里。因为这幅条幅是芝生师在“老年白内障”困扰下，双目几近失明时书写的；所书的诗句，体现出芝生师“匡时济世”、“经世致用”的思想。

羊涤生教授回忆时说：芝生师晚年致力于《中国哲学史新编》。在他撰写过程中，我有幸多次登门拜访、请教。深感他思想越来越活跃，每次都有许多新的想法，使我深受启发。他自己也曾对我说：“我现在自己怎么想就怎么写，不再依靠旁人。斩名关，破利索，俯仰无愧怍，海阔天空我自飞。”又说“文章自有命，不仗史笔垂，文章能出或不能出，都无所谓，且留于后人评说。”

有一次，我问他《中国哲学史新编》的下限准备写到什么时候？他说：“准备一直写到现在，包括毛泽东和我自己”。我当时感到这是一个极为大胆的想法，因为这将碰到不少“敏感”的问题，而这在当时的学术界一般是尽量回避的，但我另一方面又很想知道芝生师对这些问题的看法。当时他大概正在写《中国哲学史新编》第四册，因此我建议他能不能倒过来写，即先写第七册，然后回过来再写其他部分。其实，我当时内心深处的真实想法和忧虑是，当时芝生师已届九十高龄，而且耳目已失其聪明，还能不能坚持写完第七册，实在很难说。大家所最关心的第七册如因此而不能问世，岂非成为千古之恨。但芝生师自己却对此十分有信心，他斩钉截铁地说：“不行，我只有一本一本往下写，才能使人看出中国的哲学思想是如何一步步一环扣一环地发展到今天的，否则将引起误会。”当我问到第七册的主要意思时，他说：“其实我在第七册中要写的中心思想，在我的《三松堂自序》最后一章《明志》中已经透露了。中国的古老文化虽然已属过去，但它是中国新文化的一个重要来源，它既是过去的终点，也是未来的起点。”

他还说过，他的《新编》是“越写越薄”。我分析一是由于冯先生当时年事已高，不可能也不必要再去寻章摘句，寻找更多的材料；而更重要的是，《新编》的任务，主要是阐清冯先生最后的观点和心得，而不在于所引材料的多少。《新编》“越写越薄”，也说明冯先生观点更成熟，更洗炼了。

后来我认识到，冯先生把《新编》的下限规定到“现在”，并非偶然兴之所至，而这正是冯先生治学的最终关怀。冯先生从不回避现实问题，甚至可以说从来就是积极干预现实的。我记得1949年后，我在清华大学听冯先生的第一门课，就是“毛泽东思想研究”，这在当时也是十分大胆的。这也正是他后来自勉的“阐旧邦以辅新命”的一贯宗旨所在。既然“阐旧邦”是为了“辅新命”，自然就不能回避现实，所以就必须写到“现在”，而个人的荣辱风险，则并非所计了。在这里，我们也可以感受到作为一代哲人的胸怀。

冯友兰在最后的10年，是如何完成《中国哲学史新编》的，他的女婿蔡仲德在回忆录中写道：

80年代所出《新编》的写作极为艰难。因为时间紧迫，精力有限，家属、亲友、学生纷纷劝冯先生接着“文革”前已经出版的两册往下写。冯先生却不为所动，坚持从头写起。

这就不得不面对种种困难：行动不便，生活不能自理；双目几近失明，不能阅读也不能书写；还有各种疾病的困扰，仅1989年8月至1990年7月，一年之内就曾五次住院治疗。所有这些都未能阻挠《新编》写作的进程。生活不能自理，思考仍在进行；不能阅读、书写，就凭口授写作；病来住院，无法写作，就打腹稿，病去出院，写作更加速进行。

冯先生曾说，写作是“拼命的事”，“凡是任何方面有成就的人，都需要有拼命精神”，“历来的著作家，凡是有传世之作的，都是呕出心肝，用他们的生命来写作的”。

他的学生涂又光回忆说：“这部154万字的中国哲学通史，是一位90岁左右的老人，听别人念资料，重新独立研究，口授而成的。有人建议他口授大意或提纲，由别人起草，念给他听，由他定稿。他不同意。倒不是别的原因，唯一的原因是，只有他亲自逐字逐句地写作或口授时，他的新见，才能自己冒出来。他是用自己的生命，一字一句地进行创造。”

任继愈先生曾说过这样的话：“出于高度的历史使命感，他在垂暮之年，用全力捍卫中国文化，继承既往，铸造未来。他振奋精神，战胜年老多病的折磨，克服连遭亲人伤逝的悲痛，承受疾风骤雨的冲刷，写他的哲学史。90岁以后，目近失明，耳近失聪，耗尽最后心力来完成他的哲学史。如果没有一种特殊的使命感作为精神支柱，换上另外一个人，早已支撑不住了。”

那么，人们不禁要问：冯先生在他最后的著作中，究竟要告诉世人什么样的重要思考呢？我们仅举几处，大家便可明了这位哲学大师，在古稀之年高度活跃的思维广度和深度。

（一）政治有两种，一种是“王”，一种是“霸”，前者“以德服人”，后者“以力服人”，中国的历代王朝都是用武力征服来建立和维持其统治的，这些都是霸。至于以德服人的，则还没有。

（二）基督教文化重天，是天学，佛教多讲人死后之地狱轮回，是鬼学，中国文化重人，是人学；宋明道学尤其着重讲人，要人辨义利公私，提高境界，其方法则是“极高明而道中庸”，此即中国传统文化的特质。

（三）中国维新时代的主题是向西方学习，进步的人们都向西方学习，但不能倒过来说，凡向西方学习的都是进步的人们。洪秀全和太平天国所要学习而搬到中国来的，是西方中世纪的神权政治，那正是西方的缺点。西方的近代化正是在和这个缺点的斗争中而生长出来的。洪秀全和太平天国如果统一了全国，那就要使中国倒退几个世纪。曾国藩阻止了中国的倒退，这就是一个大贡献。他也有大过，那就是他开创了以政带工的方针政策。西方国家的近代化走的是以商带工的道路，这是一个国家从封建进入近代化的自然道路。曾国藩违反了这个自然道路，因而延缓了中国的近代化。

（四）国民革命之后的革命，陈独秀尚未认识东西文化不同的根本原因，是自然经济与商品经济的不同，从自然经济到商品经济，需要一个相当长的历史时期，所以继国民革命而起的革命，只能是资产阶级的民主革命，而不能是无产阶级的社会主义革命，所以半封建半殖民地社会，不能直接进入社会主义社会。

（五）按民主集中制的思想，人民的意见，经过集中必须统一，在会议中，一个议案的表决必须全体一致，选举必须全票，可见民主集中制下的民主是最民主的了。用这种办法所得到的结果，是“同”而不是“和”，因为它不能容忍少数，它不能容忍“异”。从“和”的观点看，少数固然应该服从多数，多数也应该容忍少数。凡是关于行动方面的事，少数应该服从多数，凡是无关于行动的事，多数应该容忍少数，使他们把不同意见保留下来，不仅保留在他们的头脑中，而且可以发表宣传。人民的意见总是不完全一致的。民主有一条基本原则：少数服从多数。还要加上另方面的原则：多数容忍少数。多数容忍少数只能使人民更加团结，国家更加统一，不会乱“套”。作为一个政治家，毛泽东似乎是知“同”而不知“和”。有中国特色的社会主义的蓝图已经可约略地看到了，它将是以“和”为中心的中国文化的继续和发展，这个继续和发展将是中华民族在理论上和实践上对人类的大贡献。

（六）毛泽东一生分为三个时期，其第一时期是科学的，第二时期是空想的，第三时期是荒谬的，其空想来自马克思主义的空想部分，即认为马克思主义提出了社会主义、共产主义的理想，而未解决实现此理想的道路问题，所以各社会主义国家都不得不进行改革；商品经济不能越过，因而不能不顾及生产力的发展水平，超前建立社会主义，无产阶级和资产阶级一样，不过是资本主义社会中的一个对立面，并不代表新的生产力、生产关系，它即使取得政权，其任务也应该是推动生产力的发展，为更高级的社会形态的出现准备条件，而更高级的社会形态的出现则需要第二次产业大革命。

（七）毛泽东思想的来源之一是中国古典哲学，毛在认识论、在一般与特殊关系问题上继承并发展了中国古典哲学，在辩证法问题上则抛弃了中国古典哲学“仇必和而解”的路线，而实行了“仇必仇到底”的路线。

（八）客观的辩证法不是“仇必仇到底”，而是中国古典哲学的“仇必和而解”，现代社会，特别是国际社会，是照着这个客观辩证法发展的，人是最聪明的、最有理性的动物，不会永远走“仇必仇到底”那样的道路。这就是中国哲学的传统和世界哲学的未来。

由此可见，晚年的冯友兰“修辞立其诚”，不再依傍别人谈观点，他要根据自己的思考，作出自己的结论。他说“如果有人不以为然，因之不能出版，吾其为王船山矣。”冯友兰先生讲，我到后来越写越感到自由，写到最后一册、最后一章时，更感觉到了“海阔天空我自飞”的大自由。

姚雪垠简历：

姚雪垠，原名姚冠三，字汉英，1910 年生于河南南阳，1929 年考入河南大学法学院预科。后任中华全国文艺界抗敌协会理事，东北大学副教授，大夏大学副教务长、代理文学院院长，湖北省文联主席，中国当代文学学会会长，第五、六、七届全国政协委员。其主要作品有：《战地书简》等短篇小说集，《长夜》、《李自成》（5 卷）等中、长篇小说。1982 年《李自成》第二卷荣获首届茅盾文学奖。《李自成》曾在 1978 年被中央人民广播电台每天中午播讲，并被改编为京剧《闯王旗》和《闯王夫人》。根据他的遗嘱捐赠 50 万元稿酬设立的"姚雪垠长篇历史小说奖"，成为我国重要文学奖项之一。1999 年 4 月逝世于北京，享年 89 岁。

姚雪垠："无止境斋" 永无止境

1995 年 10 月 3 日，我们在常香玉老师的引荐下，在北京木樨地拜访了著名作家姚雪垠先生，那一年，他 85 岁。在采访他的时候，我们印象最深的是，在他的书房门框上方，有一个玻璃匾，匾上有 4 个大字："无止境斋"。这肯定是他书房的雅号了。通过这个雅号，我们便可鲜明地感受到姚雪垠那永无止境的奋斗精神。永无止境，便是"无止境斋"的灵魂，也是斋主一生的真实写照。

一、《李自成》的构思源于开封河南大学

河南大学是我读硕士研究生时的母校，我在这所美丽、具有悠久历史的学校，工作、学习了三年时间。由于姚雪垠先生也曾求学于此，所以，我们的话题自然从河南大学谈起。

姚雪垠： 我这一生的成就很小，但是论起这一点点微不足道的成就，我不能忘记

在河南大学预科两年的学生生活。这是我一生文学创作道路开始的地方。

1929 年春天，我不满 19 岁，从河南邓县，来到了当时的省会开封。从这个时候开始，我结束了浑浑噩噩的少年生活，开始有意识的学习，也有了自己的追求。这所学校给了我一个全新的视野。

笔　者： 全新在什么地方？

姚雪垠： 河南大学两年，我在几个方面获益不浅：一是阅读了介绍马克思主义的书籍，初步掌握了一些关于历史唯物主义、辩证唯物主义的理论知识。二是阅读了“五四”以后的新文学作品、苏联文学作品和文学理论读物。“五四”新文学运动给了我第一次思想启蒙，而大革命失败后的革命文学运动又给了我第二次思想启蒙。三是在河南大学期间，读了梁启超的《清代学术概论》等晚清学者的著作，清代朴学家的治学精神、方法和态度，给我以极大的影响。

我在河南大学就读的年代，是国内阶级冲突最为激烈的年代，全国学生的抗议浪潮此起彼伏。我和同学们一起，积极参加学潮委员会组织的活动。1930 年，反动当局以“共党嫌疑”为由，将我逮捕，因查无实据，4 天后取保释放。1931 年暑假，我又因参加政治斗争和学潮，被学校以“思想错误，言行荒谬”的罪名开除学籍，大学的学习生活至此结束。虽然我在河南大学只度过了两年的学习生活，但这却是我一生中的关键时期，我永远不能忘记这短短的两年时间，给我的深刻政治思想教育和人格锻炼，对我以后的学习起了启蒙和引路作用。

笔　者： 什么是启蒙和引路作用？

姚雪垠： 在河南大学期间，对于我来说，最具有意义的是处女作短篇小说《两个孤坟》的发表。当我到报馆领到了《两个孤坟》的稿酬五毛钱时，我的眼睛顿时发亮了。五毛钱，这是一个最不起眼的数字，可是，对处于生活困境中的我来说，却是一笔不小的收入。五毛钱，我可以在地摊上美美地喝几碗热气腾腾的绿豆面丸子汤；五毛钱，这是我几天的生活费呀。五毛钱带给我的，不只是经济上的接济，更重要的是对我从事文学创作的及时鼓励，精神的安慰。从此以后，我一生都未脱离文学的航道。可以讲，河大两年，为我以后的创作作了初步的准备。

最早接触李自成材料，是在 1931 年暑假离开河大后，那时，我仍然不断往来于北平、开封之间。利用寒假，回开封探亲，看望住在岳父家中的妻子，我还经常到河南省图书馆（今开封市图书馆）读书。正是在这里，我意外地发现了记载李自成 3 次进攻开封的两本书，一是李光壁的《守汴日志》，一是周在浚的《大梁守城记》。这两本书，是我接触明

1991 年，姚雪垠（左）与艾青在研讨会上。

末农民战争史料的开始。正是从这里开始，我的意识里已经隐约地出现了创作《李自成》的萌动。

从那个时候起，我就开始广泛搜集有关的历史资料，其中包括明清有关人物的重要活动、重要战役、典章制度和风土人情。为此，我一一做了索引，分门别类，抄成卡片。这项基础工作做了很长时间。你们来看看。

我们跟着姚雪垠先生走进他的创作室，只见卡片柜靠墙而立，卡片柜有 10 个抽屉。姚先生让我拉开一个抽屉，只见里面的卡片整整齐齐地排列着，每个卡片上都密密麻麻、简明扼要地记载着某一个历史事件的梗概和所引用的文献。可以讲，没有这些卡片，没有这些大事索引，就不可能有《李自成》这部文学巨著。

笔　者：姚老师，您构思《李自成》是在新中国成立前，真正动手写作是在新中国成立后。这是为什么？除了资料上的准备需要一段时间外，还有没有其他原因？

姚雪垠：有。新中国成立前之所以对写《李自成》只有兴趣，而不能真正去写，有以下几个原因：一是因为当时我的生活没有保障。二是因为要写好一部长篇历史小说，需要搜集很多资料。这个过程很费时间。第三个原因是最主要的。在新中国成立前，我还没有掌握科学的思想方法，对于农民起义对历史的推动作用认识很肤浅。新中国诞生后，我这个从旧社会过来的知识分子才逐步掌握了历史唯物主义观点，才能对头绪繁杂的历史资料进行分析判断，去粗取精，把握实质，从而形成了《李自成》的主题思想。正是这样，我带着对李自成及其将领们、士兵们的深厚感情，塑造了一个个英雄形象，写出了一个个可歌可泣的故事。我在写《李自成》时，常常被自己构思的情节感动得热泪盈眶，不得不停下笔来，等心情稍微平静之后，再继续往下写。你想，我为什么能和农民起义的英雄们同呼吸、共脉搏？我为什么为英雄们而痛哭？这都是因为我真正理解了中国历史上历次农民起义的革命性。农民为什么起义啊？还不是被压迫、被压榨到忍无可忍的地步才起来造反吗？正是这些造反把整个社会的生产关系重新调整一遍，调整到对生产力发展有利的方向上来。

笔　者：您为什么对创作历史小说有这么大的兴趣？我听说您还想写一下太平天国的历史？

姚雪垠：我青年时代就特别喜欢读历史，总希望自己将来成为一个历史学家。我读的史书很多，对中国历史和古典文学有过广泛研究。这就为我写作历史小说打下了很好的基础。

中国古代史的分期问题，即从什么时候由奴隶社会进入封建社会，几十年来学者们为此争论不休。中国学者有两派观点：一派主张从西周开始中国社会就进入了封建社会；另一派认为到了东周，中国社会才进入封建社会。我从青年时代就很关注这个问题，比较各种学说。我比较赞同范文澜先生的“西周说”。但我又认为，中国幅员辽阔，各地发展很不平衡，有的地方直到战国时期甚至秦汉以后才进入封建制。我是一个“调和派”。不管怎么说，我们中华民族的封建文化，在西周乃至以后很长的一个时期内，对当时周围其他民族而言，无疑是一种新兴的进步文化，具有旺盛的生命力。这种文化具有强大的同化作用，其他民族可以用武力高压统治汉民族，却征服不了汉文化，最终都被先进的汉文化同化。这是一个极为深刻的历史规律。

我除了喜爱历史之外，也很喜欢文学创作。1937 年 5 月，我从北平回到开封，在中共河南省委领导下，与王阑西、范文澜、嵇文甫创办《风雨》周刊。1941 年在大别山主编《中原文化》刊物。1942 年冬到重庆，我当选为中华全国文艺界抗敌协会理事，并担任该协会创作研究部副部长。1945 年在四川任东北大学副教授，后在上海任大夏大学副教务长、文学院代理院长。这期间，我写了很多作品，主要有：《战地书简》、《红灯笼故事》、《四月交响曲》等短篇小说集，《牛全德与红萝卜》、《戎马恋》、《新苗》、《重逢》、《春暖花开的时候》等中、长篇小说，后来还有《长夜》等。这些文学实践对写 300 万字的 5 卷本《李自成》大有益处。

二、我不能停止长征

《李自成》这部长篇历史小说的创作，持续时间如此之长，我们估计，这在中国当代文学史上是罕见的。如果从1941年姚雪垠开始搜集资料算起，直到1999年他去世为止，创作持续了近60年；如果从1957年他47岁开始写作算起，创作持续了42年。生命只有89岁的姚雪垠，竟然用了半辈子的情感倾注其中，可见其坚忍不拔的毅力。1999年春天，《李自成》第五卷、第六卷书稿校订工作全部完成，将近100万字，中国作家协会将其定为国庆50周年10部献礼作品之一，在六七月份由中国青年出版社出版，并同时出版他22卷的文集。完成了这一历史使命的姚雪垠刚刚松了一口气，便撒手西归。其实，在他的心中，他很想写一写太平天国的悲剧等等，可以这样说，他有永无止境的创作计划，他希望的生命终极，是在永无止境的事业中，突然画上句号。这是姚雪垠的安乐死方法。

姚雪垠说：“改革开放前，这部小说的创作主要是被政治运动耽误了。形势好了，我又上了年纪，写起来慢多了。1957年我在《文艺报》上发表了《打开窗户说亮话》等几篇文章，被打成了‘极右派’，到1979年才平反。在1957年‘闭门思过’的日子里，我给自己鼓劲，坚决不自杀，不灰心丧气，决定开始写《李自成》。我是一边痛哭，一边悄悄写这本书的。为掩人耳目，我用一份写不完的‘检查’，遮掩着一叠叠书稿。

姚雪垠（彭年生摄）。

我这个人的特点就是，一旦下了决心，就作背水之战，有进无退，不管多么艰难困苦，决不半途而废。我是打不垮、压不扁、吓不倒、拉不转的。那个时候，为了实现特殊状态下的写作，我就特意买了一本仿牛皮纸的活页夹子，用蝇头小字在窄行的活页纸上进行创作。一有空，我就沉思默写，进入李自成的世界，这时给人的印象，我好像是在专心地写反省材料。听到脚步声，我便很快地将活页夹子合上，危坐不动。进来的人问我写什么？我便回答：写检查材料。等来人走了，我再打开活页夹子，继续写作。就是在这种情况下，我从 1957 年 10 月到 1958 年 8 月，用这 10 个月时间不仅写完了《李自成》的第一卷，也将第二卷写出了一部分。虽然那是仓促写成的草稿，但这是后来整理加工的基础，有这个基础非常重要，倘若没有它，后来的《李自成》就永远是一句空话。后来我被下放到汉口郊区东西湖农场监督劳动，在这里劳动改造的'右派'，只准干体力劳动，不准有别的任何选择。但我依然在繁重的体力劳动中惦念着《李自成》第一卷的草稿，常常一边劳动，一边默默地在心中推敲《李自成》，丰富《李自成》，修改润色《李自成》，然后利用中间休息时间，偷偷地记在随身携带的小本子上。晚上和夜里是我的黄金时间，我躲在蚊帐里，守着电石灯，把白天想到的改到第一卷的草稿上。那时我已经是半百的人了，我们修公路，挑塘泥，运砖石，干的都是重体力劳动，我患了急性关节炎，不仅不能走动，就是坐也坐不住了，我拄着双拐，行动非常艰难，这才批准我回武汉看病。我回到武汉作协，住进一间空房，房内只有一张单人床，一把椅子，一张三屉桌。我悄悄地住了下来，根本没去医院诊治双腿，而是利用这看病的机会抓紧整理《李自成》第一卷的草稿。到了 1960 年，中央对'右派分子'的政策开始有了一些松动和变化。这年 10 月我被宣布'摘帽'，我才从地下转到地上，到 1961 年夏天将《李自成》第一卷整理完毕。

正当我准备继续完成《李自成》第二卷的写作时，'文化大革命'开始了。先是大字报、小字报，接着就召开群众大会声讨《李自成》是'反党反社会主义'的大毒草，声言要打倒姚雪垠这个'牛鬼蛇神'、'摘帽右派'，要拔掉《李自成》这面黑旗。我面临灭顶之灾。就在这关键时刻毛主席向我伸出了救助之手。如果不是毛主席亲自出来说话，不仅《李自成》不存在了，也许我姚雪垠也不存在了。但毛主席怎么说的，在什么场合说的，我并不清楚。粉碎'四人帮'以后，我写信给王任重同志，王任重把事情发生的前前后后写信告诉了我，才知道发生在 1966 年的'最高指示'的前因后果。那是 1966 年 7 月中旬，毛主席亲自主持中央政治局扩大会议，看到王任重同志列席，毛主席把他叫到身边，对他说：姚雪垠的《李自成》第一卷的上册我已经看了，写得不错。你赶快通知武汉市，对他加以保护，让他把书写完。第二天早晨，王任重即打电话向武汉市委第一书记宋侃夫传达‘最高指示’。武汉市委根据‘最高指示’的精神，对进驻文化系统的工作队作了特别布置——保护姚雪垠和《李自成》不受冲击。

就是这个原因，我才未被揪斗游街、殴打关押，《李自成》的原稿，以及大量藏书和长期积累的二万多张读书卡片，未被查抄，免遭损坏。当时我在‘五·七干校’，利用每天放猪放牛的劳动间隙充实修改《李自成》的第二卷稿。白天我把猪和牛赶到野地里放养，自己坐在一旁写《李自成》，遇上刮风下雨便提着一盏马灯躲在牛棚里写。晚上回到集体宿舍，也是争分夺秒，在别人入睡以后，我爬起来，点上油灯，伏在床上写《李自成》，写累了，就到院子里打两套太极拳，回来再写。天天如此，从不间断，即使每天只写上三五百字，也决不放弃。”

1975 年，65 岁的姚雪垠为了摆脱干扰他写作的各种精神压力，使创作继续进行下去，他在湖北省给毛主席再次写信，请求毛主席再一次伸出援助之手，支持他把《李自成》写完。这封信他寄给宋一平，然后再转给胡乔木，再转送给第一副总理邓小平，邓小平转呈毛主席。毛主席立即表示支持，用粗铅笔在报告上批道：“印发政治局各同志，我同意他写李自成小说二卷、三卷至五卷。毛泽东十一月二日”。这样，姚雪垠才得以脱身，从武汉来到北京，专心致志地写《李自成》。

姚雪垠说：“我每天凌晨三时左右起床，一直写作到中午，从没有节日、假日。1976 年地震那天，别人是在梦中被震醒的，而我早已起来写作了。前前后后用了近八个月的时间，反复地进行修改、加工、润色。1977 年第二卷出版后，一炮打响，轰动各界。正是这一卷，使我荣获了首届茅盾文学奖。

1977 年《李自成》第二卷完成后，为加快《李自成》出版周期，国家专门给我配备了两名助手，并且改为口述录音方式。我在录音前都要列出详细的写作提纲，细到某一章某一节的情节如何，对话怎样。然后每天凌晨趁夜深人静之时，根据写作提纲用录音机录下自己口述的内容。天天如此，每天都要录四五个小时，然后再由助手根据录音去整理。就这样不到 3 年时间，我完成了《李自成》第三卷，1981 年出版，我已经 71 岁了。《李自成》第四、五卷的创作也采用了这种方式，到了 80 年代中后期基本拿出了这两卷的口述录音稿，到这时，可以说这两卷已基本成稿了。”

老作家秦牧是这样评价他的：“姚雪垠致力写三百万字的长篇历史小

说《李自成》，单是这种意志和毅力，就很令人敬佩。这种精神，着实了不起！”这种了不起的精神，在姚雪垠《八十愧言》中表达的更为精彩：“我今年仅仅八十整寿，离百岁还很远呢。我对追求事业的热情依然未减，艺术思维能力也未衰退，我不能停止长征。具有五六千年文明，三千多年光辉文学的伟大祖国，需要我继续服务。假若我写到九十多岁，或将近百岁，忽然医生告诉我说：活不多久，不能再写作了。我不是想着我这一生曾经为祖国人民写过了多少作品，而对医生点点头，表示感谢，然后轻轻叹息一声，在心中惋惜地说：‘可惜呀，我还有一些写作计划不能完成了！’”

三、决定历史发展趋势的力量

笔　者： 明末农民起义领袖李自成是一个悲剧式的历史人物。他经过十几年的浴血奋战，终于推翻了腐朽的明王朝。然而不幸的是，他进驻北京42天后就不得不退出，一溃千里，一败涂地。这是为什么？

姚雪垠： 李自成起义军打垮了明王朝的腐朽统治，在一定程度推进了社会的发展。他的坚贞不屈的光辉品质、艰苦朴素的生活作风，代表当时农民利益的革命行动，在今天仍有现实意义。

李自成的一生是悲壮的一生，他是一位悲剧英雄。他失败的主要原因有三个：一是没有建立根据地；二是进北京后没有解决好腐败问题；三是在一些重要政治、经济政策上出现了严重问题，对革命产生了不利影响。李自成进入北京后，本来可以利用自己强大的政治和军事优势，争取不愿意向清军妥协的明朝文臣武将以及广大爱国儒生、社会各阶层人士，以对抗清军。遗憾的是起义军不顾一切、不讲策略地杀害了很多明朝官员，同时进行“追赃助饷”。另外，嗜财贪色的腐败现象迅速滋长。一些有识之士提出的收人心、礼葬崇祯皇帝、建立根据地、以田赋制度取代流寇式吃大户的主张都没有被李自成采纳。而清军则紧紧抓住了李自成的这一弱点，十分重视笼络降清儒生，号召明朝官员到清政府里做官，致使吴三桂带领6万清军骑兵入关，李自成败走北京城。由于李自成没有建立后方根据地，所以他兵败如山倒，一发不可收拾。

明朝灭亡以后，明朝遗民和清代封建士大夫都对崇祯帝抱有同情之心。历代的亡国之君，或是昏庸淫乱，或是胡作妄为，或是不理朝政，或是糊涂、昏庸、懦弱、年幼无知、大权旁落等，而崇祯皇帝则不然，他亲掌朝政，刚毅有力，力图振作，与历代亡国之君迥然不同。然而，到了明朝末年，政权已经十分腐朽，决定这个王朝必然灭亡。不管谁做皇帝，只能使亡国的时间延缓或加速，并不能力挽狂澜。由于崇祯皇帝不同于其他末代皇帝，所以明朝才在他手上维持了16年时间。这个时间不短啊！愈是崇祯百般努力而未果，愈显示出历史的发展是不依个人意志为转移的这个规律。这是历史的必然。人民要造反、要革命，成了这个时期的斗争主流。所以，决定历史发展趋势的基本力量还是人民群众。水可载舟，也可覆舟，民心向背决定历史方向。中国几千年的历史反复印证了这个道理。

笔　者：您如何看待历史小说中的历史问题？

姚雪垠：三中全会以来，我们国家历史小说大量出现，但不懂历史的小说太多。像我们这么一个传记文学、历史文学都很发达的国家，我们有作家懂历史的传统，但目前的情况很不好。譬如说湖南有个作家写的历史小说，竟然说酉时太阳很高，这是缺乏生活常识，酉时明明是深夜，怎么可能太阳很高呢？再比如小说中说袁世凯向荣禄告密，说谭嗣同要包围颐和园捉拿慈禧，荣禄专门设了个跳舞会来招待袁世凯，这也是不可能的，那时怎么会有跳舞会？那是二三十年代的事情。这本书我没细看，只是翻了翻，太缺乏常识了，简直没法看。再比如说还有一个作家写战国时代就有近体诗，近体诗到唐朝才确定下来，这怎么可能出在战国时代呢？又比如说有本写隋炀帝的历史小说，小说中有个细节写宫女们私下说"炀帝怎么样怎么样"，这也是明显的历史知识不足。炀帝是唐朝时封给他的号，是个贬义词，那时隋炀帝早死了，宫女们怎么会知道？

还有一个大家谈到清兵入关问题，说是因为刘宗敏霸占了陈圆圆，清军才入关。其实根本没这事。清兵入关，大顺朝生死存亡，怎么可能因一个妓女误国呢？再说当时北京烟花女子有的是，这怎么可能呢？那时汉满两民族一场大战，是汉族的大悲剧，不可能归结到一个妓女身上。我在《李自成》第五卷第一单元上，对这个问题进行了澄清。

我是先有史学，然后才从事文学的，因为史学在前，所以我有很深的史学底子，为此，必须踏踏实实地整理资料，才能知道什么对，什么不对。如果不从资料上下功夫，历史唯物主义方法就会用不好，所以作为历史小说家，必须是历史学家，并且还需要是杂家。历史小说家在处理历史与小说两者关系时，必须做到深入历史，跳出历史。不深入历史，就不能达到历史科学的水平；不跳出历史，就完不成艺术的使命。在"深入"和"跳出"这个关系上，"深入"是前提，是基础；"跳出"才

1995 年，姚雪垠（左）与蒋晔。

是结果，才是升华。

我认为，历史小说是历史科学和小说艺术的有机结合，现在的历史小说、历史电视剧，都是缺乏历史基础。现在的历史电视都不值得一提，缺乏科学的研究精神，不是缺乏深度，就是历史知识不够渊博。

作为有出息的中国当代知识分子，应当真正了解中国的社会情况和中国历史。我们搞文化建设，不能脱离无比深厚的民族土壤，没有任何理由轻视我们几千年的文化成就。我们从来不轻视西方文化，但我们学的是西方文化中的优秀成果，而不是盲目地向西方文化“朝圣”或者去“捡破烂”。我们要立足中国，崇尚实学，不务空谈。因为我们自己的根在中国，而不是在西方。所以，我们的作家一定要有中国气派。

笔　者：您的治学和交友经验是什么？

姚雪垠：“知之为知之，不知为不知，是知也。”要忘掉虚名，埋起头来，认真读书。我的座右铭就是：加强责任感，打破条件论，下苦功，抓今天。关于交友，孔子说：“益者三友，友直、友谅、友多闻。”所以，交朋友，要交益友，交那些直率、诚恳、有学问的人，不要交那些吹吹捧捧的庸俗之人。

白寿彝简历：

白寿彝，河南开封人，1909年出生于一个回族家庭。1925年至1927年，就读于上海文治大学和中州大学（今河南大学）；1929年考入燕京大学国学研究所读研究生，学习中国哲学史；此后，曾协助顾颉刚先生主持文通书局编译所的编务工作；1938年至1949年，先后执教于广西桂林成达师范学校、云南大学、重庆中央大学、南京中央大学；1949年同郭沫若、范文澜等创办了新中国史学会，并于同年受聘于北京师范大学，任历史系教授；新中国成立后，被聘为中国科学院专门委员，参与创办了《光明日报》的《历史教学》半月刊，与刘大年先生等发起创办了《历史研究》杂志；1971年起，在毛主席和周总理的关怀下，开始主持《二十四史》的点校工作。曾任国务院学位委员会委员、国务院古籍整理规划小组成员、中国民族史学会会长、中国伊斯兰教协会副会长、全国人大常委、中共“十大”代表。2000年去世，享年91岁。其主要著作有：总主编《中国通史》12卷22册、《中国通史纲要》、《中国史学史》、《史学概论》、《白寿彝史学论集》、《中国交通史》、《中国伊斯兰史存稿》、《历史教育和史学遗产》、《回族人物志》等。

白寿彝：当代司马迁、司马光

1979年，17岁的我考入北京师范大学历史系，开学典礼那一天，系主任白寿彝先生在欢迎新生入学时，讲了很多关于史学概论的基本观点。此后不久，便听说白先生按照周恩来总理的遗嘱，开始组织全国的史学家，动手编撰中国最大一部通史，要完成郭沫若先生、范文澜先生都没有圆满完成的使命。此时，白先生已70岁，他的身体不太好，我们真为他担心能不能在有生之年完成这部巨著。不少给我们上课的老师也在私下议论：白先生年事已高，经过十年“文化大革命”的浩劫，史学人才青黄不接，史学研究禁区很多，这部巨著在白先生生前很难完成。我大学毕业之后，常与母校保持密切往来，不时听说白先生身体不好、又病重住院的消息，每次听到这种消息，我心里面都为这部中国大通史能否如期完成而捏了一把汗，因为，我们作为学生的，都希望自己的老师能够完成一部全面反映中国几千年历史的巨著，而不再出现郭沫若先生、范文澜先生的遗憾。

一、《中国通史》的历史地位

1999 年的 4 月 26 日，白先生总主编、有 500 多位专家学者共同参与的《中国通史》，前后历时 20 年，共 12 卷 22 册，1400 万字，终于全部出版问世，这一年，白先生 90 岁。在“祝贺白寿彝 90 华诞暨多卷本《中国通史》全部出版”庆祝大会上，江泽民、李鹏、李瑞环、李岚清、许嘉璐等党和国家领导人分别致信致电祝贺。江泽民同志 1999 年 4 月 25 日致白寿彝教授贺电的内容是：

白寿彝同志：

你主编的 22 卷本《中国通史》的出版，是我国史学界的一大喜事。您在耄耋之年，仍笔耕不辍，勤于研究，可谓老骥伏枥，壮心未已。对您和您的同事们在史学研究上取得的重要成就，我表示衷心的祝贺！

以史为鉴，可以知兴替。中华民族历来重视治史。世界几大古代文明，只有中华文明没有中断地延续下来，这同我们这个民族始终注重治史有着直接的关系。几千年来，中华文明得以不断传承和光大，一个重要原因就是我们的先人懂得从总结历史中不断开拓前进。我国的历史，浩淼博大，蕴含着丰富的治国安邦的历史经验，也记载了先人们在追求社会进步中遭遇的种种曲折和苦痛。对这个历史宝库，我们应该运用历史唯物主义的观点不断加以发掘，在前人研究的基础上不断作出新的总结。这对我们推进今天祖国的建设事业，更好地迈向未来，具有重要的意义。

中华民族的历史，是全民族的共同财富。全党全社会都应该重视对中国历史的学习，特别是在青少年中普及中国历史的基本知识，以使他们学习掌握中华民族的优秀传统，牢固树立爱国主义精神和正确的人生观、价值观，激励他们为中华民族的伟大复兴而奉献力量。我一直强调，党和国家的各级领导干部要注重学习中国历史，高级干部尤其要带头这样做。领导干部应该读一读中国通史。这对于大家弄清楚我国历史的基本脉络和中华民族的发展历程，增强民族自尊心、自信心和奋发图强的精神，增强唯物史观，丰富治国经验，都是很有好处的。同时，我们也要学习和借鉴外国历史。历史知识丰富了，能够“寂然凝虑，思接千载”，眼界和胸襟就可以大为开阔，精神境界就可以大为提高。我提倡领导干部“讲学习、讲政治、讲正气”，而讲政治、讲正气，也是要以丰富的历史知识作基础的。

我相信，这套《中国通史》，一定会有益于推动全党全社会进一步形成学习历史的浓厚风气。

此致

敬礼

江泽民

一九九九年四月二十五日

由此可知，这种盛况在中国史学史上是空前的。可以肯定，西汉时期的历史学家司马迁、北宋时期的历史学家司马光都没有在当时获此殊荣。庆祝大会过后，终于可以松一口气的白先生却一病不起，与世长辞。非常熟悉他性格特点的师生们都说：是《中国通史》这个事业在支撑着白先生的生命，如果《中国通史》没有完成，他的生命还会顽强地再坚持几年。在2000年3月26日上午遗体告别仪式上，治丧委员会向社会发布的“白寿彝同志生平”中，将白先生总主编的《中国通史》评价为“这是20世纪中国历史学界向国人和世界奉献出来的最宏伟的中国通史著作”。白先生荣获这种评价当之无愧。

在告别、安葬过白先生之后的几年时间内，我都在思考一个问题：白先生对中国历史学的杰出贡献，尤以《中国通史》为最。这部气势磅礴的史学巨著，足以和司马迁的《史记》、司马光的《资治通鉴》相媲美。换句话说，《中国通史》就是今天的《史记》、今天的《资治通鉴》。我之所以这样评价，主要基于以下几个原因：一是西汉时期的司马迁所写的《史记》，是当时的一部自古至今反映了3000年历史的巨著。北宋时期的司马光所主编的《资治通鉴》，也是当时的一部自古至今反映了1362年的通史。白寿彝先生总主编的《中国通史》也是遵循了自古至今的原则，反映了8000年的中国历史。

二是司马迁的《史记》开创了中国史学著作的纪传体例，这种体例是一种开创，由此沿袭了二千年之久。司马光的《资治通鉴》开创了中国史学著作的编年体例，丰富了史学著作的编写方法。而白寿彝的《中国通史》则开创了以唯物史观为理论体系的、融会纪传体、编年体、纪事本末体、典志体、图版语表体、史论体及章节体为一体的新综合体例，这种体例是继《史记》、《资治通鉴》之后的又一新的史书体裁的创造。

三是《史记》是一部总结前人成就的、当时最大一部集大成著作，全书130篇，由作者生前完成。《资治通鉴》也是一部总结前人成就的、当时最大一部集大成著作，全书共294卷，由作者生前任主编与助手们一道共同完成。《中国通史》更是一部总结前人成就的最大一部集大成著作，全书共12卷22册，计1400万字，由作者生前任总主编和500多位专家学者共同完成。

更令人思考的是，司马迁完成《史记》花费心血20多年，完成过后不久即去世，去世时53岁；司马光为完成《资治通鉴》花费心血19年，完成过后不久即去世，去世时67岁。白寿彝为完成《中国通史》花费心血20年，完成过后不久也去世，去世时91岁。三位史学家的生命大限在命运上的安排，都与一部通史著作的最终完成有因果的关系。这如此惊人的相似历史景象，完全可以告诉人们，他们三人都呕心沥血把生命献给了通史著作，由此可知，这三部通史巨著那沉甸甸的厚重分量。

历史学家戴逸先生在1999年是这样评价《中国通史》的："这是一部空前的巨著，是20世纪中国历史学界的压轴之作……它时间跨度最大，从远古时代一直到1949年。它内容最丰富、最全面，包括政治、经济、文化、民族、地理环境、典章制度、科学技术，几乎无所不包。它纵通横通，是真正的通史。"

和白先生共事50余年可称得上是兄弟加战友的著名历史学家何兹全说："白先生工作认真负责，当《中国通史》的主编是真正的，不是挂名的。不像现在的主编，只挂个名，既不'主'，也不'编'。白先生对大通史，每个字都要看，就像司马光主编的《资治通鉴》。司马光将一生精力尽于此书，他是真正的主编。白先生的大通史也是如此，很了不起，很让人佩服。"正如何兹全先生所说，白寿彝就是当代的司马光、当代的司马迁，他以其"新综合体"这一史书体裁的重大创新、以唯物史观为核心的鲜明理论体系以及自始至终而主编完成多卷本自古至今的《中国通史》这三大根本特点，而彪炳史册。

白寿彝先生的学生陈其泰是这样评价的："1983年7月新华社向全国报道了由白寿彝先生主编的大型《中国通史》正在编纂的消息。学术界的朋友都为先生此举宏大的气魄、周密的计划而敬佩，为先生在借鉴古今中外史书体裁的基础上，大胆创立'新综合体'的新颖体裁感到折服。而同时，《中国通史》工程如此浩大，先生已经是年逾七旬的老人，能否主持此项工作至最终完成，人们不免又多少存有疑虑。有的外地学者曾对我说，他想像白先生主持如此巨大的工程，国家应该拨一幢大楼，调集许多书籍资料，集中众多专家来研究、撰写。当我告诉他绝没有这回事，白先生还是按照他原来的工作方式之后，这位朋友表示很惊讶。先生以他20年的精力，贯注于此，他本人，他所邀集的二十几位国内第一流的专家，以及合作的四百余位学者的心血，一起凝成这座20世纪中国史学的巍峨丰碑，先生的业绩将因此而流传千载！先生曾对访问他的记者说过：'不当挂名主编，是我的铁的原则。'全书22册，都是经他亲手定稿的，这是何等惊人的毅力，何等感人的精神！

记得大约是1991年初夏，那时先生腿力尚健，能在校园内散步。一天我在图书馆前面遇到他老人家，自然要问起《中国通史》的进展。先生很高兴，说第四卷秦汉卷已经发排，第五卷魏晋南北朝卷过些日子也要发排，第十卷清史卷稿子已经齐了，等着定稿。接着说一至三卷已经出版，再加秦汉卷完成，全书就完成1/3，等另外两卷都定稿，就完成全书的一半了！

我明白，先生是为自己鼓劲，把这项艰巨的工作继续充满信心地干下去。我说，能这样加快进度，着实难得。这时先生感慨地说：'干这个事，真是甜、酸、苦、辣都尝遍！'梅花香自苦寒来，《中国通史》这株学术之花何以开得这样灿烂夺目，正是白先生和他带领的众多学者不畏艰难、精勤研究，用心血浇灌的结果。先生为这部巨著投入了全部生命，成为后学献身学术的楷模。"

二、整个生命的最后投入

强烈的历史使命感，白寿彝忘我工作，夜以继日，不知疲倦。他以旺盛的精力和斗志，全力以赴地扑在学术研究上，别的任何爱好都没有。他也似乎不知道什么是老，根本不知道老之将至是什么意思。他在70岁的时候说："我的学问从70岁开始。"在他90华诞时，他还在说："争取再过上一个90岁。"这正是白寿彝的生命状态，他所制定的庞大的、在别人眼里简直不可思议的学术计划，都与这种生命状态息息相关。其实，他的心态比年轻人还年轻，他的思维比年轻人还活跃。1975年，他66岁，此时"文化大革命"尚未结束，他个人的政治环境稍有好转，就开始把多年淤积的梦想，再一次萌发出来，他决定牵头成立中国通史编写组，以响应周总理于1972年全国出版工作座谈会上提出编写中国通史任务的号召。他请示了北京师范大学党委，并同国家出版局负责同志交换了意见，得到了赞许。第二年，“文革”结束，百业待兴，他更加踌躇满志，青春焕发。他积极筹建了史学研究所，招收了“文革”后第一批中国史学专业硕士研究生，并恢复了《史学史研究》，为中国通史编写计划的实施作准备。

70岁那一年，白寿彝正式拉开了《中国通史》的编写工作序幕，他召集各校、各界专家学者汇聚北师大，共襄盛举。中国有句古话，“人生七十古来稀”，到了70岁的人了，谁也不会知道生命的大限是在哪年哪月，正因为生命的不可捉摸，谁也不敢在70岁的时候，再立下雄心壮志，去干一项可能要在未来20年时间内才能干成的宏伟事业，这实际上是在向学术生命的极限挑战。这种挑战的确是在和时间赛跑，是在和生命下赌注，真是可敬可畏。怪不得大诗人臧克家为此特别赋诗一首，赞叹白寿彝：“学海探珠六十秋，银丝赚来半满头。黄牛负轭桑榆路，该罢休时不罢休。”“该罢休时不罢休”，真是大诗人的神来之句，这也正是白寿彝的生命状态，他像奥运会马拉松赛跑的运动员，一刻不停地向着目标奔跑。

他的助手刘雪英在1999年5月28日写了一篇文章，详细记述了白寿彝最后的生命状态，这种状态让你潸然落泪：

80年代初，白先生的视力极度下降，本来高度近视的眼睛又患了核状白内障。这是一种由眼球中心向四周发展的疾病，它正好挡住了视线的中心。这使他的视力降到了0.02和0.03，再加上散光，早晨可以看见3个太阳，他的眼镜度数达到1800度。

在这种状况下，他又是怎样工作的呢？他每日先是趴在书桌上，戴着高度近视的眼镜，拿着断了柄的放大镜，有时摘下眼镜，眯缝着眼睛。他很会调剂光线，寻找适合的写作和阅读角度，仔细察看稿件，恐怕有一丝差错。到后来，实在是吃力的状况下，请助手反复诵读，往往是他认为关键的地方要读上十几遍甚至几十遍，反复推敲，连一个标点都不放过。他完全是通过大脑思维，把文章组织起来或修改定稿，往往是出口成章。人们或许不相信，但这的确是事实。刘家和先生与白先生交往甚密，他就曾深有体会地说过：白先生的眼睛不好，但却提高了他思维能力的发展。其他所有接触过他的人都有这样的体会。可谓异口同声，交口称誉。导论卷《中国通史》第一卷就是这样完成的，《回族人物志》第一册、第二册就是这样修改完成的。

白先生的白内障摘除手术分别于1987年5月和1989年5月两次完成的。医生没有把握地说：手术后视力有可能降到“伸手不见五指”的程度。为了能加快和提高编写的速度和质量，他在手术技术还没有达到纯熟的情况下，就要求尽快的进行摘除手术，手术的难度也相当大，因为白老高度近视，视网膜容易脱落，稍不留意就有失明的危险，但是照白先生的话，背水一战，如果成功了，既可以恢复视力，而且可以提高医生的水平。我永远也忘不了，术后当医生打开他眼前遮盖的纱布时，他那种孩子般的喜悦，在回家的路上东张西望，用他自己的话说是“大放光明”！本来术后要求至少休息半年，白先生只休息了一个月的光景，就非常固执地拿起了笔。他最怕耽误时间，可是以后为了提高视力，花费在配眼镜上的时间却从不吝啬，当然，后来由于年龄更大一些，本来不好的眼睛本身的机能问题，眼底黄斑和视神经萎缩，使恢复到术后最初0.2和0.6的视力，在《中国通史》接近完成之际又大幅度下降，他最关心的就是眼睛，他说：“一个学者没有眼睛是痛苦的。”

《中国通史》的稿子有很多是在医院修改和写成的，如第五卷三国两晋南北朝，第六卷隋唐，第七卷五代辽宋夏金，第九卷明，第十卷清，第十一卷近代前编，第十二卷近代后编。他每次住院，都要随身携带一只蓝皮箱，里面除了几件换洗的衣服，一多半装的全是稿件，他在友谊医院住院，大夫和护士们都清楚白先生的习性，因为他们来查房时，沙发上、桌子上都有很多很多的书或者稿子，白先生躺在床上，或坐在沙发上，或听稿子，或口述文章。开始大家还叮嘱要保持病房里的整洁，时间长了，也就由他去了。

白先生每次住院，都是医生一催再催，再就是迫不得已，他要在住院前把手中的稿件告一段落，以便住院后根据具体情况决定带不带稿件，带多少稿件。如果带稿件，他可以比较安稳地完成治疗任务，如果不带稿件，最多住上两个星期就急着要出院，医生只好不停地对他进行说服工作。平时医生劝他年龄大了，用脑要注意，要他用20分钟脑要休息一会，然后再用，可是他只要工作起来就全然抛在脑后，直到累了，才想起医生的嘱咐。1993年，因为体检时一项指标呈疑性，需要住院手术治疗，那时他已84岁了，这种年龄动手术确实是十分危险的。当他得知自己的病情非要动手术时，他决定做这个手术，在手术前，他对助手说：“可能见马克思，也可能不见马克思。如果见马克思，我的《中国通史》就完不成了，如果马克思说，白寿彝，你还没完成任务，不能来见我，那我就渴望能继续把通史搞出来。”他反而安慰别人要镇静。他说：“我最牵挂的就是通史。”现在听起来好像是豪言壮语，但在当时，这确是他的肺腑之言。一点也没有修饰之词。说到他的通史有可能完不成时，他的眼睛湿润了。

《中国通史》导论卷是在1986年住院和去北戴河休养时修改定稿的。人大常委会安排委员休养，白先生去了十天，有九天半是在屋里改稿子，最后的半天乘车游了游市内，去海边转了转。这哪里是休养，只是书房搬了搬家。白先生每次完成一卷稿件，都说要好好休息休息，以利再战，并且还订出休息计划，可是哪次都没有兑现。总是不过第三天就说把下卷的稿子拿出来，他说要去世界公园转一转，要去西山休养休养，可是直到现在，十年过去了，哪儿也没去，最多的是驱车到主编家里去，到学者家里去，到老朋友家里去，去谈写作中出现的问题，去看望生病的老友。他没有节假日，别人在休息，他的大脑却在不停地运转，所以我说他的工作时间无法计算。为了这部《中国通史》，他确实投入了整个的生命，感人的事太多了。1400万字的通史就是这样编出来的。

白寿彝的助手刘雪英女士，曾记录了白先生的工作大事记，这个大事记弥足珍贵，由此便可明白白先生是如何超负荷工作的：

1980年，先生71岁。北京师范大学史学研究所经原高教部批准正式成立，以编写中国通史和史学史研究为中心任务。主编《中国通史纲要》出版。

白寿彝当时的动议是编写三种类型的通史著作。一种是大型本，约600万字，一种是中型本，约200万字。一种是小型本。中型本因条件不够成熟而中途搁浅，大型本《中国通史》，在后来的规划中，向更加大型化发展，由600万字规模，逐步扩张到1400万字，其气势更加宏大。《中国通史纲要》这个小型本通史的出版，为大型本《中国通史》的编写奠定了重要的基础。

这一年11月中旬至12月上旬，白寿彝主持召开了多卷本《中国通史》第一卷编写组会议，就本卷的撰述宗旨和内容进行了讨论。会后，又和在京的有关同志就全书总目和第一卷目录多次交换意见。会议确定第一卷的宗旨是：在贯彻“纵通”与“横通”相结合这一原则的基础上，通过对中国历史上若干重要问题的论述，着重从历史理论方面勾勒中国历史的基本轮廓，并力求使马克思主义的历史哲学具体化、中国化。

与之同时，中国通史第十卷（现第十一卷，近代前编，1840～1919）编写组成立。这一年的12月，国务院学位委员会成立，白寿彝为第一届国务院学位委员会委员，博士生导师。

1981年，先生72岁。其《史记新论》出版。并发表了《谈史学遗产答客问》四篇。参加了中国民族史学会在香山召开的会议，作了《关于中国民族关系史上的几个问题》的讲话，着重论述了中国民族关系发展的主流是友好而不是分裂，这是民族关系发展史研究上的重大理论问题。

3月，多卷本《中国通史》秦汉卷编写组组成。5月，三国两晋南北朝卷编写组组成。10月，由先生提出，与宁夏社会科学院合作项目《回族人物志》编写工作启动。本书共分四册，分别为元代、明代、清代、近代，是先生40年代回族史研究工作的继续。11月，先生提出编写《史学概论》计划，并付诸实施。

1982年，先生73岁。发表了《六十年来中国史学的发展》、《关于史学工作在教育上的作用和史学遗产的整理》、《再谈历史文献学》、《〈泉州伊斯兰教石刻〉序》。

1983年，先生74岁。1月份《中国通史》清史卷编写组成立。《史学概论》、《历史教育和史学遗产》、《中国伊斯兰史存稿》三部著作出版，并发表了《说六通》、《古籍整理和通史编撰》、《要发挥历史教育应有的作用》等文章。《史学概论》是一部系统阐述史学理论的著作。书中勾勒出史学史研究的四条主线，即史学理论、历史文献学、历史编纂学和历史文学。

4月，先生赴陕西师范大学组建《中国通史》隋唐卷编写组。并在陕西师范大学和西北大学做了《关于建设有中国民族特色的马克思主义史学的几个问题》的报告。5月，多卷本《中国通史》规划在全国哲学社会科学规划会议通过，并定为重点项目。7月，新华社向国内外做了广泛报道，人民日报、光明日报、北京日报等全国各大报纸在第一版刊登了这一消息。7月，《中国通史纲要》在全国首届通俗政治理论读物评选中获一等奖。11月、12月，中国国际广播电台将《中国通史纲要》及《中国通史》的编纂工作对外作了连续报道。

同年，多卷本《中国通史》报教育部备案，确定了本书编撰规模和各主编人、全书编委会委员，本书编著的要求、体裁、体例也都有了明确的书面规定。本书参照古今史书体裁的优点，采用一种新的综合体裁，含编年体、纪传体、纪事本末体、典志体、图版语表体、史论体及时下流行的章节体，共12卷22册。

本书的各卷主编和编委，大多是负有盛名的学术界的专家。其中有王振铎、王毓铨、王桧林、邓广铭、史念海、刘家和、孙秉莹、孙文良、苏秉琦、何兹全、邱汉生、杨钊、高敏、安作璋、陈振、陈得芝、陈光崇、周远廉、林增平、徐喜辰、章开沅、龚书铎、何绍庚、斯维至、廖德清、施丁等。侯外庐先生为本书顾问。白先生出任总主编。上海人民出版社派出得力的编辑力量参与编委工作，他们是叶亚廉同志、王界云同志、张美娣同志。同年，在北师大创建了全国高校中第一个古籍研究所。中国史学会首次学术年会暨中国史学界第三次代表大会召开，先生被推举为主席团成员。

1984年，先生75岁。发表了《说"成一家之言"》和《中国史学史上的两个重大问题》、《把历史知识交给更多的人》。4月，赴南京组建多卷本《中国通史》元史卷编写组。5月，明史卷编写组在中国人民大学成立。6月，科学技术志编写组在中国科学院自然科学史所组成。9月，五代辽宋夏金卷编写组在北京师范大学成立。至此为止，《中国通史》十二卷的编写组，除近代后编（1919～1949）卷于1987年《中国通史纲要续编》的撰写任务完成后成立外，全部组成，并已先后开展工作。

1985年，先生76岁。出版了《回族人物志》第一册（元代），发表了《关于史学工作的几点意见》、《关于建设有中国民族特点的马克思主义史学》、《在全国高等学校古籍整理研究工作指导委员会议上的讲话》等文章，并组织召开了首次全国中外史学史研究座谈会。

1986年，先生77岁。由他主编的六卷七册本《中国史学史》第一册出版。先生在题记中说："本册从1983年6月16日决定要写的。7月4日开始动笔，一直到今年12月12日最后完稿。这中间，开了不少大大小小的会，写了一些无法推脱的文章，还审阅、修改了

《回族人物志》第一、二册。实际上写出史学史的时间不到10个月。在写作的过程中，深感到工作的艰巨和材料消化得不够，远远不能作出深入细致的程序。我总想排除一切干扰，在从容不迫、深思熟虑的情况下进行工作。我希望能争取较多的机会，使以下各册能写得比较好些。”多卷本《中国史学史》于1987年被列为国家哲学社会科学“七五”规划重点项目。

2月，时任国家教委主任的李鹏同志春节到先生家拜访，称先生的中国通史工作是一件了不起的工程。7月，先生在大连棒槌岛主持了清史国际学术讨论会，8月，会见了意大利安莎社记者巴尔巴拉，解答了她关于《中国通史》现代部分的有关问题。10月，多卷本《中国通史》导论卷全部完稿。楚图南同志题写了内封面。楚图南同志曾在1984年写给先生的信中称中国通史可谓“体大思精”，并“藉此培养锻炼一批能够博览深思的后起之秀，为新时代中国的新史学，打下坚实的基础。颇望早日出版，满足中外学人和史学的要求。在我，尤先睹为快。”

1987年，先生78岁。由他组织编写的《中国通史纲要续编》出版。《续编》将中国历史的年限延伸到1949年。这样，中国的历史第一次写到了中华人民共和国的成立。本书有英、西班牙、德、朝鲜文译本。这一年，他的近视高达1800度。在医院的病房中，堆得到处都是书稿。他加紧修改通史第五卷的稿件，病房成了书房。同年，招收史学史专业博士研究生。

1988年，先生79岁。主编《回族人物志》第二册（明代）出版。同年，发表了《在史学史助教进修班座谈会上的讲话》、《在第三次全国回族简史讨论会（兰州会议）上的讲话》、《关于社会主义新时期的民族关系》和《在中国民族史学会上的讲话》（先生是中国民族史学会的会长）等。

1989年，先生80岁，《中国通史》第一卷《导论》出版，并发表了《外庐同志的学术成就》、《说“为人师表”》、《史学史工作四十年》、《多研究点中国历史的特点、多写点让更多人看的文章》。

2月，北京师范大学和首都各界举办了祝贺先生80寿辰的大会。他认为最重要、最深刻的一点是，作为一个历史学家，一定要处理好历史与现实的关系。他说：“我受传统影响很重，对于研究历史是否与现实结合，开始时是缺乏这种自觉的。后来，从国家、民族和个人经历的种种困难中，才逐步地理解到历史对现实的重要，也认识到现实有助于更深刻地理解历史。我坚信，历史研究的主流必须是回答现实生活提出来的重大的迫切问题。对此，我们应该有清醒的认识。”

1990 年，先生 81 岁。发表了《说豪族》、《绘画本〈中国通史〉序》和《关于编写新型回族史的意见》。《中国通史》第二卷《远古时代》交付上海人民出版社。

1991 年，先生 82 岁。《中国通史》第三卷，《上古时代·先秦时期》（上、下册）交付上海人民出版社。

1992 年，先生 83 岁。《中国通史》第四卷，《中古时代·秦汉时期》（上、下册）交付上海人民出版社。同年，《白寿彝民族宗教论集》由北京师范大学出版社出版。《回族人物志》第三册（清代）出版。

1993 年，先生 84 岁。由其设计编辑的《文史英华》（共 15 册）出版。《回族人物志》第四册（近代）发稿。《中国通史》第五卷《中古时代·三国两晋南北朝时期》（上、下册）交付上海人民出版社。同年，招收中国史学史专业博士研究生。

1994 年，先生 85 岁。《白寿彝史学论集》（上、下册）出版。2 月，北京师范大学为先生举办了 85 岁华诞暨《白寿彝史学论集》出版庆祝会。先生回顾了 85 年所走过的道路时说：“我在解放前的 40 年，忙于生活，解放后又忙于各种活动，真正地下点功夫做点学问，还是在 70 岁以后。我这些年来想多做些工作，实际未能如愿。大家在会上称赞我的话，许多我都不敢当。我愿继续努力下去，争取再上一层楼。”

10 月，北京师范大学史学研究所，邀请在京部分史学工作者，共庆先生从事学术工作65 周年及85 华诞，并就先生史学思想进行座谈讨论。先生在会上说：“马克思主义讲人民群众创造历史，这一条很重要。我个人可能有点成就，但这不是我自己的，它来自大家，来自很多同志。今天的会给我很大的力量，我虽已 85 岁，但前边还有好多路要走，今后好多工作要靠同志们支持。希望大家团结起来，共同把史学工作推向前进。12 月，《中国通史》第二卷《远古时代》、第三卷《上古时代·先秦时期》出版发行。王振铎、侯外庐、徐中舒先生分别题写内封书名。

1995 年，先生 86 岁。他在这一年和此后的时间里，花费了大部分时间和精力，用在对中国通史的编撰工作上。本年内，第八卷元史卷发稿。第四卷秦汉时期、第五卷三国两晋南北朝时期出版发行。佟冬、杨向奎、缪钺、周一良分别题写内封书名。12 月 5 日，首届《北京师范大学白寿彝史学论著奖》青年教师颁奖仪式在先生寓所进行。

1996 年，先生 87 岁。发表了《不断开展民族史的理论学习》的讲话。多卷本《中国通史》清史卷交付上海人民出版社发排。

1997 年，先生 88 岁。《中国通史》元史卷出版发行。蔡美彪、刘乃和分别题写内封书名。隋唐卷、明史卷交上海人民出版社发排。《回族人物志》第四册（近代）出版发行。

1998 年，先生 89 岁。《中国通史》隋唐卷出版发行。唐长孺、韩国磐分别为本卷题写内封书名。周振甫、顾诚分别为明史卷题写内封书名。9 月，中国通史近代前编（1840～1919）卷、近代后编（1919～1949）卷、五代辽宋夏金卷全部交付上海人民出版社发排。胡绳、刘大年、蔡尚思、李新、邓广铭等先生分别题写内封书名。

1999 年，先生 90 岁，《中国通史》12 册 22 卷，全部出版发排，全书 1400 万字。先生不无感慨地说："回忆这 23 年的风风雨雨，我们付出了巨大的艰辛和努力，现在，终于完成了。这对党是个交代，对人民是个交代，对已故周总理和所有关心这项事业的各界朋友们是个交代，对国外友人们是个交代。我要感谢师大党委和各单位领导的支持，感谢全国哲学社会科学规划领导小组和国家教委全国高校古籍整理指导委员会的先后资助，感谢所有参加本书编写工作的同志们的共同努力，感谢上海人民出版社的大力合作，还要感谢北京友谊医院的全体医护人员。"

当你读完白寿彝 20 多年的工作大事记之后，你一定会感慨万千，这位史学大师在其 70 岁—90 岁的岁月里，几乎是拼了生命，越到生命的最后关头，他越是玩了命地干，他那种拼命的劲头，让人害怕，让人敬畏。

1999 年 4 月 26 日，《中国通史》全部出版庆祝大会在北京师范大学召开。会后不久，白寿彝即长病不起，在北京友谊医院住院期间，他仍壮志不已，他要近期内完成多卷本《中国回族史》和《中国史学史教本》。他仍在操心着筹建"白寿彝学术基金会"，以奖掖后学的学术进步。当我知道这个信息后，立即告诉我在河南漯河市工作时的一位朋友，他是华颖集团董事长、总经理王银华先生，为此，他立即赶往北京，率先响应这一倡议，出资支持了这个基金会的创建工作，终于了却了白寿彝的又一个心愿。他深知自己的年迈，更清楚自己已病魔缠身，时间对自己来讲比什么都重要。他以惊人的毅力一次又一次地战胜疾病，医生和护理人员都被感动了，他们很少看见如此顽强的老学者，他们也很少看到医院的病房竟成为一代学术大师最终的书房、办公室、会客室、小型会议室。他一直坚持着工作、写作……直到生命的最后一秒。2000 年 3 月 21 日子夜，“春蚕到死丝方尽，蜡炬成灰泪始干”的白寿彝与世长辞，一颗耀眼的 91 岁的史学巨星，在这个深沉寂静的子夜悄然坠落。有人说，《中国通史》如果还没有完成，白寿彝的生命还将顽强地延续，因为，中国 8000 年文明的“精气神”凝聚于身，这个“精气神”的力量把他托起。《中国通史》一天不完成，他的双眼就一天不会闭上，这就是使命的“命”中注定。我们相信这句话。

三、《二十四史》点校的学术奠基

白寿彝先生之所以在 1979 年能够承担起《中国通史》的编写重任，其原因还在于他的学术功底足以驾驭这一宏伟工程，这个学术功底来自他一生的积累和思考，其中一个重要基石来自他协助顾颉刚先生主持点校了《二十四史》。

《二十四史》是我国文化宝库中的珍贵历史文献。它规模巨大，卷帙浩繁，共计 3249 卷，约 4000 万字。它用统一的体裁，比较系统、完整地记录了明亡以前有文字可考的几千年历史。《二十四史》具体是指：《史记》、《汉书》、《后汉书》、《三国志》、《晋书》、《宋书》、《南齐书》、《梁书》、《陈书》、《魏书》、《北齐书》、《周书》、《南史》、《北史》、《隋书》、《旧唐书》、《新唐书》、《旧五代史》、《新五代史》、《宋史》、《辽史》、《金史》、《元史》和《明史》。这些重要史书，过去由于没有点校，错误很多，给阅读造成了困难。

1958 年，毛泽东主席指示中华书局点校出版前四史，经当时中华书局总经理兼总编辑金灿然与吴晗、齐燕铭共同商量，决定扩大为点校全部《二十四史》。1959 年，作为国庆十周年献礼，《史记》出版发行。到 1966 年，《汉书》、《后汉书》、《三国志》先后出版，其余各史也都程度不同地做了点校或整理的必要准备，因“文革”，整理出版工作基本停顿。1971 年，经毛主席同意，在周总理亲自布置下，《二十四史》恢复整理出版，并增加了《清史稿》。1978 年，《二十四史》和《清史稿》全部出版。这一工作历时 7 年。

参加这一浩大古籍整理工程的，主要有古史专家顾颉刚（组长）、历史学家白寿彝（副组长）、原中华书局副总编辑赵守俨（副组长），以及中国社会科学院、北京大学、北京师范大学、南开大学、山东大学、武汉大学、内蒙古大学、复旦大学、上海师范大学、上海历史研究所、西北大学和中华书局等单位的专家学者和工作人员一百余人。后因顾颉刚先生年事已高，更由于他在“文革”期间所承受的精神折磨而致百病缠身，到了 1970 年，他常犯心绞痛、气管炎，并演变成肺气肿，病胃也开始出血。1971 年，顾先生心绞痛加剧，在经医院检查知道是非常严重的心脏病后，他黯然叹道：“著述之事从此结束，成为废人。少年以来一片著述雄心不可复观，悲哉！此皆 5 年来日夜在惊风骇浪之中所造成者也。”

1999 年 9 月 8 日，国务院副总理李岚清看望白寿彝（右）。

正是在这种情况下，此时已 62 岁的白寿彝临危受命，以副组长的身份，全面主持点校了《二十四史》。可是，有谁知道遭受着“文革”冲击精神折磨的白寿彝，正雪上加霜，蒙受着他那青梅竹马的妻子王慧萍病重、病危的折磨痛苦，这种风雨相伴几十年的亲人生离死别的痛苦，比那政治上遭难的痛苦，更为强烈百倍。为了能更多地照顾病危中的夫人，白寿彝在每天点校《二十四史》工作之余的中午休息和下班后的时间，到北京医院去看望守护。送别去世的夫人时，他亲自写了悼念词，把夫人安葬后，他又买回来一个全部是黑色的影集，亲自整理夫人和他共同生活时的照片，并把当年的黑袖章一并保存，不允许别人乱动，这是他永远埋藏在心中的怀念。这次我和他的女儿、儿子在参与整理《白寿彝画传》的资料时，才突然发现他的这一保存完好的珍贵影集和黑袖章，他为此珍藏了近30年。正是在恩爱夫人病重、病危、去世的痛苦百般折磨下，白寿彝强忍着痛苦，全身心地投入到《二十四史》的点校工作中去，主持完成了这一艰巨的学术工程。这是《二十四史》点校工作背后的凄美故事。这个故事正反映了我国一代学术大师为了中华古籍的整理，所付出的代价。

周振甫先生回忆说："中华书局点校《二十四史》加《清史稿》，由周总理指定顾颉刚领导，顾先生年事已高，不能亲临，由白寿彝先生来领导各史点校工作，而且亲自点校《明史》。当时点校《明史》的，有历史研究所王毓铨、中国青年出版社周振甫，点校之稿即交白寿彝先生审定。"

1973年初春，白寿彝邀集在京的点校《二十四史》及《清史稿》的部分先生，如阴法鲁、唐长孺、陈述、翁独健、周振甫、陈仲安、孙毓棠、王钟翰、张政烺、启功、王毓铨和总负责人顾颉刚先生相聚一起，为点校《二十四史》这一宏大的学术工程留影纪念。这张照片虽然没有把当时的学者们全部召集起来，但这张照片的价值的确是弥足珍贵，因为，它记录了这一"文革"非常时期的非常历史。

北京大学中文系教授阴法鲁先生讲："'中华版'点校本《二十四史》在中央领导同志关怀和指导下，集中有关学者，于1958年开始整理，断断续续到1978年，连同《清史稿》计算在内，整理工作才告完成。这是巨大的学术工程，是史籍领域里的一座里程碑。"

四、亲情永歌

"人虽然死了，但精神是不会死的，不要把死看得太重，人生人死是自然规律"。彻底的唯物主义者白寿彝把生死看得如此淡然。

他出生于20世纪之初，去世于20世纪之末，他横跨了近一个世纪。在这位横跨20世纪的老人与世永别的日子里，人们悼念着他……。中国中央电视台、中央人民广播电台于2000年3月22日清晨6时整率先播出白寿彝去世的消息。从那一刻起，直到3月26日在八宝山革命公墓举行遗体告别仪式上，那唁电、唁函从全国各地飞来不尽的哀思。江泽民、李鹏、李瑞环、李岚清、丁关根、李铁映、丁石孙、许嘉璐、王兆国、阿沛·阿旺晋美、钱伟长、白立忱以及费孝通、雷洁琼、杨静仁等分别以不同方式，向白寿彝和他的家属表示慰问与悼念。国务院总理朱镕基委托国务院办公厅打来电话："白寿彝同志治丧委员会并转家属，总理对白寿彝同志的逝世表示深切哀悼，对白寿彝同志的家属表示亲切慰问，并嘱节哀。"几乎全国各大媒体及白寿彝生活和工作过的省市报纸、专业杂志、电视台和广播电台都纷纷做了报道。各界人士以不同方式，送别这位将一生献给中国历史学研究的史学老人。

2000年3月26日，依他的民族习惯，白寿彝被沐浴后安葬在北京卢沟桥回民公墓，与他相爱一生、先他而去的夫人王慧萍相会于九泉之下，同眠于苍松翠柏的绿影之中。王慧萍比白寿彝小一岁，生于开封，病逝于1972年，享年仅62岁。王、白两家是三代世交，他们两个是两小无猜、同桌学习的同学。青年时期的白寿彝英俊潇洒，才气横溢，为人忠厚，知书达理；王慧萍则是大方漂亮、自信好强、稳重内秀、生活俭朴。与她生活中接触过的邻里朋友，无不称赞她待人宽厚、为人和善。她的性格与人品使她全身心地支持丈夫工作，细致入微地料理他的生活。白寿彝常说："没有慧萍，也就没有我今天的一切。"

白寿彝的女儿白滇生是这样回忆父亲的："那一天，我在学校上完课，乘坐2路无轨电车，特意在西单下车，径直到西单菜市场买了一只母鸡、蔬菜和父亲爱吃的东西。母亲不在了，我必须给父亲做些可口的饭菜。

待到兴化胡同父亲的住所，父亲正在用午餐，桌上只有一碗清水煮豆腐，见我来了，他很高兴，连忙起身从橱柜里拿出碗勺，嘴里说着：'你也吃点，再加点糖'。面对这碗豆腐，我难过极了，对父亲的歉疚和对母亲的思念，在刹那间化为了泪水涌在眼眶里。我知道父亲难，没有母亲的日子父亲更难。

记不得是哪一年了，我还小，姥姥就对大姐说过'你爸爸和妈妈是一个人'。如果说对这句话在过去还有某些不理解，现在则有了一点顿悟。我懂得父亲的内心世界的那片空白，将永远是片空白，那是谁也无法弥补和替代的啊。想到这儿，我对父亲说：'爸，我应该早点来，我应该想到，可是……'父亲不容我说下去，接过话说：'知道，知道，不说了，不说了’。‘可哥哥姐姐他们都不在北京，只有我……’我是想说，只有我在父亲身边，但是我却不尽孝道，只知道忙自己的工作忙自己的家。父亲却打趣地说：‘这不是你的错，过去我靠你妈靠惯了，现在总该自己动手才能丰衣足食嘛’。他始终不给我向他道歉的机会，不让我说一句表示歉疚的话，我从内心最深处感到了那完全无我的亲情的宽容，太深了，太厚了，太重了。……

国家三年困难时期，父亲把白菜根、萝卜头用水泡在碗里，放在离火炉近一些的地方，盼着它们滋芽，等到长出叶子，就剪下来，拿给母亲给我们做汤喝。在餐桌上，我和弟弟看着父亲搅动着碗里的汤，又和母亲一同分享着这汤带给我们的快乐，同时还有那种有了依靠的宁静。好长一段时间，我们都不说话。

那时候，家里的每一个人对那汤都有着特殊的情意，因为它让我们悟出了生活的更加广泛的内涵。今天，每逢冬季，我到菜市场买菜，对菜摊上的大白菜和红萝卜，我总要多看几眼，眼前就自然地晃动着那餐桌上的情景，我就对生活有了永恒的希望。

‘文革’结束时，父亲在中国历史博物馆做关于中国封建社会的分期的学术报告，我也前去聆听。主席台就坐的有韩作黎伯伯，他是当时市教育局局长，也是父亲的老朋友。这天，他主持报告会。报告会间休息时，我去问候伯伯，交谈了几句后，他对我说，你爸爸做完报告，我用车送他回家，你也来。其实我不会因坐那车而违背父亲对我的一贯教导，但与韩伯伯道别是应有的礼貌。道别时，父亲走过来让我乘坐公共汽车回家。当下了公共汽车裹在人流中的时候，我并没有感到异样，反而觉得无比的踏实和自然。我们兄妹个个都如此，从来不做伸手派，不向父亲提任何非分的要求，不走任何捷径，全都靠自己诚实的劳动和奋斗创造事业和生活的天地，并认定这是做人的信条。

当我把以上这些记忆的碎片缝接好之后，我的思索再也不是支离破碎的了。我感到更走近了父亲。愈是走近他，愈觉得他像一本书，失意时读他，可以使我重振旗鼓；得意时读他，可以使我头脑清醒；疑难时读他，可以给我解答或启示……我知道，即使穷尽我的一生，也不能把他读完。我对自己说，或许我永远也不会有父亲那样的成就，但我可以也应该具有父亲的优秀品质和情操，我将努力，直到生命的终结。”

1981 年 12 月 17 日，诗人臧克家说，今天落了大雪，室内炉火正红，心里清闲平静，不禁想起老友白寿彝：“1946 年夏季，我到了上海，寿彝和顾颉刚先生替一个书局搞了个编译所，他办公在苏州，第二年，因为我主编副刊的侨声报停刊了，饭碗没有了。上海像一棵枝叶繁茂的大树，我却没有一枝可栖。我焦虑，我到处奔走，茫茫人海，谁能援我以手？寿彝来了。把他主编的《文讯》月刊让给了我，雪里送炭，给人御寒，饥时送食，可以果腹。……1948年，上海情况紧急。郭老、茅盾、杨晦先生都离去了，我一天三迁，不可终日。最后一家人逃在书局的一间书库里。好友来访的只有寿彝、韩易田、陆慧年三四知友而已。越在紧要关头，越觉到友情的可贵。这年年底，我潜往香港，从我爱人的信中得知。我走了以后，寿彝关心她的生活，还问及我负责编辑的最后一期《文讯》出版之后的薪金发给了没有？真是患难之中见友情呵。

解放后我和寿彝相会于北京。他在北师大教书。不久入了党。我们经常见面倾谈。他在工作上和生活上的一些事情总愿和我谈谈，听听我的意见。他原来住在武功卫师大宿舍的小内院里，环境变了，地位变了，长衫换成了中山服，但朴素的作风依然如故。后来搬到东官房兴华胡同师大校长陈垣同志的故居去了，大四合院，五大间北房，一进房门，便有一种宽敞明亮的感觉，书架掩盖了半壁墙，架上何止万卷？一张大沙发，可以坐三人，我一到，先叫一声，寿彝从西间走出来，笑面相迎。……

近六七年来，我身体软弱，去看寿彝的时候极少，而他每年总来看我几次，来而不往，好友能见谅。大约隔上三几个月，电话便传来寿彝亲切而洪亮的声音：‘我是寿彝，想来看看你，有时间吗？’十次九答应。有时因为小病辞了，他总说：‘那么过几天再说吧’。‘四人帮’横行之时，他来的时候较勤，见了面传递一点情况，说一说心里的话。‘有的同志警告我：说话、通电话要小心。防备窃听器呵’。听了我的话，寿彝哈哈大笑起来：‘那么，我们小点声吧’。……

寿彝同志，比我小几岁，身体健康，精力旺盛。他勤于治学，态度谦逊。他对同行，总是说别人的长处，没听到他自许什么。他和侯外庐同志是老朋友，来看我时总去看看他。”

侯外庐先生的学生张岂之教授说：“在我的记忆中，外老和白寿彝先生的学术友谊，是外老的经常话题之一。外老每次提到白先生总是怀着感激之情，给人以知音难得的印象。

外老曾跟我谈及一件事：大约是1959年吧，在一片反对所谓‘右倾机会主义’的紧张气氛里，学术界在陈伯达、康生的强迫命令下也开展了所谓的批判。在史学界，外老的封建土地国有制观点也属于被批判之列。陈、康的批判调子说，外老的封建土地所有论，旨在反对建国初期的土地改革，代表了地主阶级的利益，反映了地主阶级‘反攻倒算’的阶级意志。听到这种调子，外老感到百思不得其解，觉得这纯系捏造，早已离开学术探讨的轨道，很难说清楚，还是沉默为好。这个时候，正是外老迫切需要精神支持的时候，白先生仿佛已感到这种需要，他匆匆赶到外老家，告诉外老，史学界的朋友们认为封建土地国有制观点是学术问题，至于个别人的政治帽子可以不必理睬。……在外老困难的时刻，白先生给予外老的深厚的学术友情，这使外老深表感激。……

还有一件事值得一提。大约是 1964 年，外老研究方以智的学术论文已发表，方以智的《东西均》手抄稿经过校订已由中华书局编印出版。这些引起史学和哲学界的注意。杨献珍同志借用方以智‘合二为一’作为辩证法的简洁表述，说明对立面的统一。这就触犯了忌讳。外老很苦恼。他不能理解，何以这么一个明显的学术问题竟会上升到阶级斗争和修正主义的纲上？就在外老最需要精神支持和鼓励的时候，白先生又出现在外老的卧室里。白先生不谈政治，不谈学术，谈的是全聚德的烤鸭。

白先生问外老：‘我每次到你这里来，你都要留我吃午饭、吃烤鸭。外庐同志，你这里的是真全聚德的烤鸭，还是假全聚德？’于是，他们像年轻人一样争着说全聚德烤鸭的特色。小小的卧室充满春意和笑声，他们暂时忘记了室外正刮着八级寒风。这时外老的饭量已大大减小，他看见白先生吃烤鸭津津有味，感到十分高兴，一直劝他‘再吃点，再吃点，再吃点，身体是本钱’。在他们会面和吃饭的两个小时里，他们都感到学术友谊带来了温暖和勇气。

及至白先生告辞回家，外老仔细琢磨刚才与白先生的交谈，方才悟到真假全聚德只不过是引子，里面的潜台词是：真金不怕火炼。再引申开来就是：真正的科学是压服不了的；伪科学用不着压也会垮掉。事后外老向我谈及此事，深情地说：‘白先生在大是大非面前一点不含糊，他的幽默机智加上冷静的科学分析，使人叹服。’”

季羡林先生回忆起他和白寿彝的友谊时说：“我认识他已经将近半个世纪，时间不能算短了。但是我们的友情却是与日俱浓。其中也并没有什么奥秘。中国古人说：‘人之相知，贵相知心。’在这样漫长的时间内，我越来越明确地感觉到，寿彝同志的心是淳朴的、开朗的、正直的、敦厚的。我们俩的共同老友臧克家同志经常同我谈到寿彝，谈起来总是赞不绝口。他的看法同我没有什么差别。可见我的感觉是实事求是的，并非个人偏见。作为一个人，一个朋友，寿彝同志是这样子。作为一个学者，他同样对我有极大的吸引力。”

楚图南先生和白寿彝是生死之交，他们相识于抗战时期，并侥幸地躲过了一次飞机坠毁的事件。几十年的友谊，使他们相互激励，当《史学史研究》需要题签时，楚图南二话不说，提笔就写，并在信函中说："拙书能附骥尾，既荣且愧。中国是有悠久历史文化传统的古国新邦，史料史实、史学史论，浩如渊海，盖世无双。兄能领导这方面的工作，以兄之识、之才、之学、之勤，当可预期学人辈出，超班马、迈刘章，继承并开拓史学新境，为祖国争光，为世界作出贡献。弟虽年迈学荒，然捧读大著，如遇屠门而大嚼，亦晚年快事。"这些鼓励的话，一直是白寿彝的精神动力。楚先生逝世后，白寿彝积极倡议，由北京师范大学出版社出版了《楚图南文集》，以弘扬楚先生的精神。他们的深厚情谊，堪称是文化学术界的一段佳话。

白寿彝先生的学生吴怀祺给我讲了他"一封信，17 年"的感人故事："我是'文革'后的第一届研究生，但早在 1963 年年底，我就曾报考先生门下的研究生。那是我们国家第一次公开招考研究生，报上登了招生的消息，就报了名。当时，我在中学里任教，学校同意我报考。但 1964 年 8 月，北京师范大学寄来录取通知书时，学校却又采取各种手法对我加以阻挠，使我负笈京华的愿望终成泡影。我写了一封信给白寿彝先生，倾诉自己内心的苦痛，同时也表达自己的心愿。

我在信中说：'敬爱的先生，我一面给高教部去信，进行申述，一面我也这样想，党的事业是我的志愿。我认定您是我的敬爱导师。''在今后的年代里，我一面做好人民给我的工作，一面搞史学史，我诚恳地望先生能给予指导，例如开一些学习书目等给我，我就会感到满足。我会按照您指的路子走过去。人一之我十之，总可以为史学研究方面加一点东西吧！我有毛泽东思想作指针，有您的指点，10 年，20 年，30 年，总可以得到一点收获。夜是这样平静，我心不能静下来，一连写了许多篇日记。'信的落款日期是 1964 年的 8 月 28 日。后来，高教部给我复了信，但学校又不给我，只是说，学校需要我，要我好好工作。我还能有什么办法呢？

经过'文革'的风风雨雨，一切一切，都成了如烟的往事。我的日记和信件以及一些父亲给我的线装书，在红卫兵的'革命行动'和几次大迁家的过程中，绝大多数不存在了。1981 年，中秋时节，史学所开会欢度佳节。会前，先生把这封信交给我，说：'这封十多年前写给我的信，你收好吧。'他没有说更多的话，要知道这是先生保存了 17 年的一封信啊！这个时候还需要说什么呢，一切语言都是无力的，也是苍白的。

先生的心，先生的情，先生的期待，先生的热望，尽在不言之中。这封信我是好好地保存下来了，也不时读一读，从中获得前进的力量。1982年，我在信的后面记上这样的话：后有读此者，当感汝之心肺。整整18年矣。”

白寿彝先生的另一个学生、曾任《河南日报》社长、总编辑的杨凤阁，向我回忆起那最后的教诲：“3月23日，上午我在省人大开会，下午才看报纸。《光明日报》第三版，‘著名史学家白寿彝逝世’几个黑字刺进眼睛，我一下子呆了。

啊！敬爱的白寿彝老师走了，离开他的史学研究和教育事业，离开他的书房，离开他的亲人，离开他的朋友和学生，真的走了。史学界又失去一位大师，从此再也不能聆听先生的教诲和批评了！……

那是1997年10月初，我在北京参加中国记者协会理事会，抽空回母校看望老师。第一家是何兹全老师和师母郭良玉老师。兹全师比寿彝师小两岁，长期是我的教研室主任、副主任，是汉魏封建论学派的创始人，在中国古代史诸多领域，辛勤耕耘60载，研究成就举世瞩目。我对何师和师母既有对师的尊敬，又有对长辈的亲情。因此谈话内容广泛，亲切随便。我说还要去看白先生。何师说有一些时日没有看白先生了，一起去吧。师母给了我一挂香蕉，让带给白先生。

寿彝师原来住在校外，‘文革’以后才搬进校内的‘教授楼’。这幢楼建于50年代初期，现在不仅赶不上形势，甚至显得有些破旧。虽然是4居室，但客厅很小，熟人去了，一般就在卧室见面。看到我们，先生很是高兴。……

先生身体一直很好，只是有多种眼疾，严重影响视力。记得早在1964年的欢迎新生大会上，先生作为历史系主任讲话时，就诙谐地说：‘路上碰到我，你们打招呼，如果我没有回应，可不是我架子大，我眼睛不好，看不清呐！’

记得有一次我去看望先生，曾问道：‘不能看书，会很着急吧？’先生的回答大出意外：‘急是有一点。不过不能看书也有不能看书的好处。能看书时忙于看，忙于写，有的问题实际上没有细细消化。不能看书了，自然常常思考问题，这才发现过去对某些问题并没有弄透。你不知道，有时想着想着，对某个问题会豁然贯通。这才体会到做学问也像牛吃草，要有反刍，也就是倒嚼功夫。’

后来先生做了白内障切除手术，视力有所恢复，勉强能够看书著文。有意思的是，刚恢复视力时，却不认识人了。以前是凭口音辨人，先生

头脑中熟人的形象是多年之前的。所以见了人往往说：‘这是你么？怎么这样！……’

1997 年这一次我去看望白先生，先生问我：‘现在读什么书?’这里的‘书’可不是随便看的书，而是研究问题用心读的史书。何先生体谅我，怕我不好回答，就出来打圆场说：‘这些年风阁办报，担子很重。刚从总编辑岗位上退下来，报社还有工作，又有人大的事，忙着呢。’我心想，坏了。果然，先生慈祥随和的面色变得严肃起来。‘你比主席还忙?’我赶快检讨：‘主要是懒，不刻苦。再一个是没有明确的方向和目标，零敲碎打，收获甚微。’看到我没有为自己开脱，先生的严肃之相才缓了过来。”

王连升在《拳拳师生情》中深情地回忆白先生：“1968 年 7 月，我被分配到天津，先在一所中学任教，不久又调到南开大学历史系，直至今日。我离开北京以后，先生一直在关心着我，恩师之情绵亘不断。1976 年，唐山发生大地震，严重波及天津，先生马上写来了信，询问我全家的安危。

先生重科学、轻权力的精神令我敬佩。多年以来，先生一直身兼数十职，且有相当高级的职务。然而先生对此却淡淡如水，从来没有在我们面前有过对职务问题的只言片语的流露。论级别，论职务，先生上班是可以坐小汽车的，但先生一直安于一介平民的心境，不管是住西单，还是住平安里，总是挤公共汽车去位于北太平庄的学校。相反，先生对学问却十分看重。只要先生见到我，总是谈论一些史学的问题，而且兴致勃勃，乐此而不知疲倦。

先生热心提掖后学的精神也非常值得推崇。这些年来，经先生培养、提拔、推荐的中青年史学工作者不下数十位；先生亲自组织中青年撰写的史学或理论著作也已有多部。先生甘为人梯的高尚德行已为学界有口皆碑。《诗》曰：‘高山仰止，景行行止’无论从德行来说，还是从学问来说，先生是完全有资格担当起这两句话来的。”

袁家骝、吴健雄简历：

袁家骝，1912 年生于北京，祖籍河南。是世界知名的物理学家。1932 年毕业于燕京大学，1936 年赴美国留学，1940 年获博士学位，1941 年参加美国国防科研工作，1945 年任职于普林斯顿大学研究院，1948 年转入纽约长岛布鲁克海文研究所，从事核子科学基本理论的研究，并曾任日内瓦西欧核物理研究所研究员和意大利罗马大学高能物理研究员。他在高能加速器、高能物理、粒子探测系统、宇宙线、无线电定向、频率调制和雷达系统等项研究上颇有建树。1972 年中美关系正常化后，他和夫人吴健雄率先回国，受到了周恩来总理的接见。他们夫妇二人为促进华侨对新中国的了解、认同，为促进中美两国关系做出了贡献。改革开放后，他们更是经常回国，为祖国科学事业的发展尽心尽力。2003 年在北京去世，享年 91 岁。

吴健雄，1912 年生于江苏省太仓市，1934 年毕业于中央大学，1936 年赴美留学，1940 年获博士学位。她参与了世界上第一颗原子弹的研制工作，并于 1957 年成功验证了杨振宁、李政道发现的“宇称不守恒定律”，从而使杨、李这两位年轻的科学家荣获 1958 年诺贝尔物理学奖。为此，吴健雄在 1958 年当选为美国科学院院士。普林斯顿大学破除建校以来的规矩，使她成为该校的第一位女教授、第一位女名誉博士。1964 年，美国国家科学院授予她五年一度的“康斯托克奖”。1972 年，她又获哥伦比亚大学“普佑平物理学教授”荣誉称号。1974 年被授予“最优秀科学家”称号。1975 年任美国物理学会第一任会长，同年获美国总统福特颁发的国家科学勋章。1978 年，获沃尔夫基金会颁发的物理学奖，并先后获哈佛大学、耶鲁大学等 12 所美国著名大学名誉博士学位。1981 年，意大利总统授予她“杰出妇女奖”。1984 年，她又荣获华美协进会颁发的“青云奖”。1990 年，中国科学院紫金山天文台将第 2752 号小行星命名为“吴健雄星”。

她被世界誉为“东方居里夫人”。1997 年 2 月 16 日，她因中风病逝于美国，享年 85 岁。按照她的遗愿，骨灰被送回祖国。

袁家骝　吴健雄：龙凤呈祥的物理学家

1997 年 2 月 18 日，一位朋友告诉我："吴健雄教授前天在美国去世了。"听到这个消息，我的心里猛地袭来一阵悲哀之情。去年 9 月，我到美国考察，曾专程到她府上拜访。吴教授因为中风已久，疾病缠身，晚上总是失眠，只有到凌晨之时，万籁俱寂，她才能进入睡眠状态。长久的失眠，长久的失去工作乐趣，使吴教授陷入了万分痛苦之中……吴教授的丈夫、世界著名物理学家袁家骝先生向我谈起这一情形时，一脸的愁绪，无限的怜爱。他太爱他的妻子了。从 1936 年在美国西海岸的萍水相逢，到 1942 年的洞房花烛夜；从参与世界第一颗原子弹的研制，到"宇称不守恒定律"的全球轰动；从美国哥伦比亚大学、哈佛大学的讲坛，到中国南京大学、北京大学的学术报告会；从美国总统福特的颁奖，到周恩来、邓小平和江泽民三代领导人的亲切接见……袁家骝和吴健雄心心相印地走过了漫长、辉煌的人生之路。

1997 年 4 月 8 日的《人民日报》刊登了一条新华社消息："一代女杰魂归故里。世界著名实验物理学家、中国科学院外籍院士、美国哥伦比亚大学美籍华裔教授吴健雄女士的骨灰于昨晚运抵她的故乡江苏省太仓市浏河镇，安放在吴教授生前就读过的母校明德学校的明德楼里。"这正是吴教授最终的遗愿。24 岁离家去国、跨过太平洋的她，终于跨过太平洋向东方飞来。她终于回归于母亲的怀抱，再也不漂泊四方了！再也不惆怅无主了！叶落归根，魂兮归来！太仓——浏河——明德楼，这不正是她灵魂的安息地吗？想到这里，我的心一下子飞过太平洋，来到吴健雄教授生前居住过的那幢公寓。在她的客厅里，在她的书房里，袁家骝教授正和我这个晚辈纵论天下古今事……

一、中国心

1996 年 9 月 10 日上午，我在朋友刘一林先生的陪同下，按照约定的时间，驱车前往美国的著名大学——哥伦比亚大学。在一座教授公寓里，我们按响了门铃。门开处，只见温厚、慈祥的袁家骝教授，穿一身黑色带花的睡袍，微微笑着，用非常标准的汉语，欢迎来自河南家乡的客人。我们穿过走廊，来到客厅，只见走廊四壁、客厅四壁全是书，全是画。那书架上装帧考究、印刷精美的中、英文书籍，那四壁悬挂的赵佶、仇英、张大千、徐悲鸿、吴作人、萧淑芳、张大壮、董作宾、朱屺瞻等名家的稀世珍品，那中国式的地毯、雕花的家具，以及那梅、兰、竹、菊的安徽铁画，都在告诉我：袁家骝夫妇依旧不改那颗中国心。他们夫妇离开祖国的大地，屈指算来已经60多年了。离离乡愁，与日俱增。如何才能缓解那心头上的漂泊感、失落感呢？惟有在异国的土地上，精心营造一个具有中国文化氛围的家庭。

1996年9月11日，袁家骝在美国哥伦比亚大学寓所，阅读刊载有中原文化名人访谈文章的《河南经济日报》。

一束束的阳光透过洁白的窗帘，无声地飘洒在那黄色、白色、咖啡色的家具上，飘洒在客厅右侧那几株绿色植物上。绿色中间，几条鲜红的绸带在轻轻飘动着，绸带上的汉字十分醒目：“贺科学家袁家骝、吴健雄教授康复。”

袁家骝高兴地说：“这些全是朋友们送的，他们都很关心我们。我和健雄前一段时间病得不轻，现在刚刚好了一些。我恢复得不错，健雄还不行。她那个中风病把她折磨坏了，她晚上常常失眠，很晚很晚才能入睡。现在已是上午9点多钟，她还在睡着。不便打扰她，咱们先谈吧！”

我说：“好吧，让吴老师好好休息。见到了您，就等于见到了吴老师。”

在书房里，我问袁教授：“您见过您爷爷袁世凯吗？”袁家骝说：“见过，但我那时候太小，没有什么印象。先祖父1916年去世，那时我才4岁。我是1912年在北京出生的。我的父亲是先祖父的第二个儿子，名叫袁克文。我的大伯父叫袁克定，我大伯父的儿子袁家融比我大几岁，是我们家的嫡长孙。前几年我回国访问，还见到了他。”

笔　者： 你们袁家好像都是按照辈分来取名字。上一代人都是“克”字辈，您这一代都是“家”字辈。

袁家骝： 是这样，我们袁氏家族的家谱，是按“保世克家，企文绍武”的顺序排列的，“保”字辈是先祖父的父亲那一辈；“世”字辈是先祖父那一辈；“克”字辈是我父亲那一辈；而“家”字辈，就是我们这一辈了。我们这一辈的有50人左右，主要居住在天津、广州、上海，香港、台湾也有。

笔　者： 您是哪一年到美国留学的？

袁家骝： 1936年，那年我24岁。我13岁离开老家安阳，到天津就读于新学书院。我学习很用功，所以常常跳级。后来考上了燕京大学物理系。毕业后又读了两年研究生。再后来就到我叔叔袁克恒开办的开滦煤矿工作。这个开滦煤矿，是我们家开的。第一任董事长就是我大伯父袁克定，后来我叔叔袁克恒接任了这个职务。我叔叔参与创办的产业很多，有启新洋灰公司、江南水泥公司、北京琉璃水泥厂、江南辰溪水泥厂、秦皇岛耀华玻璃厂，还有上海、唐山、河南卫辉的纱厂。我大学毕业后就到开滦煤矿实习。不久，司徒雷登先生为我办理了赴美留学的奖学金。就这样，我来到美国。到美国的时候，我口袋里只装着25美元。我到美国的前几年，都是靠奖学金来维持学习和生活的。

笔　者： 袁先生，很少有女性涉足物理学这个枯燥、艰深的领域，为什么吴健雄教授和你一样终身不渝地献身物理学研究事业？

袁家骝： 这与她的家庭教育有很大的关系。健雄和我是同年生人，她老家在江苏省太仓市。她父亲是个很有学问、很有见识的人，在当地很有名望。她的父母还在浏河镇办了一所明德学校，培养了不少人才，健雄从小就在这所学校念书。她11岁的时候就到苏州上了女师，在这里开始接触数学、物理等学科，开始知道了居里夫人和爱因斯坦。健雄的父母为她买了不少自然科学方面的书。所以，健雄爱上物理学研究，与她的家庭教育有很大关系。

吴健雄曾在回忆这段生活时说："当时我是真心实意做学问，把青春年华都忘记了。"

的确如此，自苏州女师毕业后在中央大学（现南京大学）读书时的吴健雄，正是妙龄少女，风华正茂。由于她才学出众，端庄清秀，很多男同学都对她倾慕不已。此时的吴健雄对花前月下、卿卿我我没有兴趣，一门心思扑在学业上，坚定不移地选择了一条通往科学的道路。1936 年 8 月，吴健雄告别了她的父母，告别了她熟悉的江南风光，远赴美国留学。她最初的想法只是到美国学习几年后就马上返回祖国，可是她万万没有想到，她这一去竟和亲爱的父母成了永诀，她再也没有见到自己的生身父母。

袁家骝： 就这样，我们在 1936 年分别离开了自己的家园。我和健雄是在美国才相识的。没有想到啊！一别祖国几十年！那种思念祖国、思念亲人的乡愁，是局外人根本无法体味的。

二、金色婚姻

1936 年，分别告别自己亲人的袁家骝和吴健雄，在美国的西海岸萍水相逢了。从相识到相爱，从相爱到结婚，历时 6 个年头，到 30 岁那年，他们才想到结婚。他们不仅是一对幸福的人生伴侣，更是成就辉煌的科技双星。

19 世纪末、20 世纪初，法国诞生了著名物理学家居里和居里夫人。在 20 世纪，科学界又诞生了袁家骝和吴健雄。他们同年出生，同年到达美国，同年获得博士学位。1992 年 5 月，他们回国参加南京大学 90 周年庆典。这一年，他们 80 岁；这一年、这一月，也正好是他们结婚 50 周年的金婚之时。90 周年校庆、80 岁生日、50 周年金婚纪念这 3 个大喜的日子重叠在一起。南京大学专门为袁家骝、吴健雄举行了一场祝寿、贺金婚活动。紧接着，在吴健雄的家乡太仓市浏河镇，故乡的父老乡亲又专门为两位物理学家准备了盛大的祝寿、贺金婚庆典。太仓市特意选择了吴健雄父亲在 80 年前创办的明德学校作为会场，学校的师生和来自美国、香港、台湾、深圳等地的各界朋友 500 多人参加了这次隆重的庆贺活动。在这次活动中，上海大学艺术学院教授章永浩先生还向袁家骝夫妇赠送了精心创作的两尊青铜雕像。谈到青铜雕像，谈到金婚之年的回国之旅，袁家骝沉浸在幸福的回忆之中。

笔　者： 您和吴教授是怎样认识的？

袁家骝： 我们都是1936年到达美国的。我比健雄早来一个月。那年的8月，她来到美国的旧金山。她计划要进的学校是美国新墨西哥州康奈尔大学，离9月份开学还有一段时间，加之顺路，她就来到加州大学想会一会中央大学的校友。中央大学当时在加州留学的人很多。中国留学生俱乐部派我做导游，我陪健雄参观了很多地方，还参观了实验室。我们彼此都感觉很好，但是没有任何恋爱的意思。刚认识嘛！谈起恋爱，那则是以后的事了。我在陪健雄参观的时候，她看到校园东南角有一座简朴的房屋，门紧闭着，看上去像仓库什么的。健雄问这是什么地方，我说："这是RediationLanolaforr（放射实验室），这是厄内斯特·劳伦斯的研究室。"健雄听到是劳伦斯的研究室，惊喜地喊出声来。因为她在中央大学读书的时候，就知道劳伦斯这个诺贝尔奖获得者的大名。她实在没有想到，这位著名的物理学家就在加州大学，就在伯克利市。这是吸引健雄留在加州大学深造的关键因素。如果健雄当时不愿留在加州大学，而是按照原定计划到康奈尔大学去读书，我们也就没有了以后的相爱。

劳伦斯是世界著名的物理学家，他31岁的时候就发明了回旋加速器。利用这种加速器，更多的科学家发现了多种人造放射性元素。吴健雄请求袁家骝，能否带她去拜访一下劳伦斯先生，她希望留在加州大学学习。劳伦斯当时正在实验室做实验，一连3天都没有出来。后来，袁家骝陪着吴健雄，终于在物理系办公室见到了劳伦斯先生。听完吴健雄渴望留在加州大学的想法，劳伦斯说："密司吴，你为什么不选择艺术和音乐，而偏要跟我学习物理呢？你应当知道，核物理是科学领域中最抽象、最复杂的科学之一。"

吴健雄非常明白劳伦斯先生的意思，他是担心一个女孩子很难攀登核物理的高峰。她说："尊敬的劳伦斯教授，事实上，近代音乐不也是最复杂、最抽象的艺术之一吗？这并不妨碍那些外行人从中得到一些美的享受。至少他们第一次接触时，不会把它当作莫名其妙的吵闹而拒绝欣赏。"劳伦斯为这位中国姑娘的独特回答而惊异，于是就和吴健雄、袁家骝无拘无束地畅谈起来。就这样，吴健雄成为放射实验室的一名成员。

吴健雄认为，这一步的选择极为重要。她在一次报告会上说："本来，我是打算到康奈尔大学念书的，可是到加州大学参观后就不想去了。这是一个非常重要的选择。也就是从那个时候开始，加州大学物理系在理论和实验方面，一步一步地往前走，成为世界核物理的领袖。"

袁家骝教授告诉我："健雄留在加州大学以后，我们两个人没有太多的来往，大家都埋头读书、搞研究，很少有时间碰面。后来，有了一点休息的时间，我们才聚在一起聊聊天，也没有想到谈什么恋爱。时间长了，交往的次数多了，彼此的了解日益加深了，我们才谈出了心里话。恋爱对我们来说，似乎是很自然的事。那时候，我们都一头扎在实验室里，下苦工夫搞研究。所以，到了1940年，我们都顺利地拿下了博士学位。”

笔　者：你们是在1942年5月30日结婚的，为什么选择这一天作为良辰吉日？

袁家骝：这一天是礼拜天，不耽误工作。另外，这又是健雄生日的前一天。第二天，我们又忙起了工作，根本没有去度蜜月。

笔　者：当时结婚的情形，您还记得吗？

袁家骝：怎么不记得？我们举行婚礼的地方是加州大学理工学院院长罗伯特·密立根先生的花园。密立根夫妇就是我们的主婚人。密立根先生是美国第一位诺贝尔物理学奖得主。他为了祝贺我们的大喜日子特意举办了这个聚餐会，用香槟酒来祝福我们。他当时讲了这么一句话，使我们终生不忘：“我送你们的礼物是一句赠言：愿你们在今后的岁月里，实验第一，生活第二。”这句赠言，成了我和健雄的座右铭。那一天，闻讯赶来参加我们婚礼的中国留学生有卢嘉锡、钱学森、顾功序、张文裕、毕德显和林家翘等。那天晚上特别热闹，我们尽情地玩到很晚、很晚。卢嘉锡主持了当晚的聚会，他当时是中国留学生俱乐部主任。

那天晚会的情形，在一篇研究吴健雄生平的文章中是这样描述的：

> 晚会开始，卢嘉锡忽然收敛起笑容，像个牧师似的望着袁家骝问道：“你爱她吗?”袁家骝不知所措，迟迟没有回答。
>
> “我宣布，今天，你们必须遵照我的旨意行事。否则，别—想—散—会。”卢嘉锡故意把语气拖得长长的，做出一副等待样。
>
> 袁家骝无可奈何，只好红着脸说：“我爱她。”
>
> 卢嘉锡又转向吴健雄，依然不动声色地问道：“你爱他吗?”
>
> “我爱他!”想不到吴健雄十分爽快地回答。卢嘉锡为自己的表演成功朗声大笑。
>
> “下面一个节目，吃糖。”
>
> 吴健雄赶紧摸了一块巧克力，塞进嘴里。
>
> “不行不行，两人分吃一块，有福同享。”卢嘉锡大声说。
>
> “嘉锡，你专门会捉弄人，真拿你没办法。”吴健雄终于折服了。

笔　者：现在，你们和卢嘉锡、钱学森这些老同学还有来往没有？

袁家骝：有啊！我们常在国际性的会议上见面。1973 年，我和健雄第一次回国时，就是卢嘉锡在上海迎接我们的。后来，周恩来总理在北京会见我们，钱学森也在场。我们多次回国，常常和他们见面。

笔　者：袁教授，您有几个孩子？

袁家骝：只有一个儿子，他是 1947 年出生的，今年也 49 岁了。他和我们一样，也是学习核物理的，是个博士。我们的儿媳是个美国人。儿子从小在美国长大，对中国情况了解很少。小的时候，我们很注意他的汉语学习，但是学不成，因为没有汉语学习环境。1977 年，我们曾带着儿子、儿媳回国考察，见了不少熟人，还参观游览了长城，就是想让儿子增加对祖国的了解。

笔　者：吴健雄老师是物理学界的女强人，她整天埋头于实验室里，家里的事情很少顾及，您对这样的妻子满意吗？

袁家骝：没有什么不满意的。我们俩都是这样，把事业看得高于一切。实验是第一的，生活是第二的。几十年来，我们都是夜以继日地工作，经常不在一起，她在她的实验室，我在我的实验室。还有一段时间，她是星期一去另外一个城市搞研究，星期六才能回到家。还有的时候，常常是半个月，甚至一个月才能回家一次。这样的生活，我们都习惯了，也没有感到有什么不方便的。

说到这里，袁教授还十分风趣地说："这下，可没有时间吵架、打架了。1980 年我们退休之后，才有机会到世界各地走走。我们的蜜月不是在结婚时度过的，而恰恰是在退休之后才真正开始的。"

三、奇妙的物理现象

在世界科学技术发展史上，夫妻都是物理学家、均对世界物理学做出贡献的现象极为罕见。

1936 年，口袋里只有 25 美元、年仅 24 岁的袁家骝来到美国加利福尼亚州，在加州大学进修高能物理，一年后转到加州理工大学继续从事物理研究工作。4 年寒窗，学业有成。1940 年，他终于获得了高能物理学博士学位。接着，他在普林斯顿大学为美国政府开展国防研究工作。1942 年，袁家骝到纽约长岛国家研究所工作，后来又任日内瓦西欧核物理研究所研究员和意大利罗马大学高能物理研究所研究员。他经常奔波于世界各地，参加国际性的学术研讨会，经常参加纽约的自然科学家的社会活动。作为国际知名的物理学家，袁家骝在世界许多科研机构和大学都有合作研究的课题。他更关注祖国科学事业的发展。自 1973 年以来，他和夫人多次回国访问、讲学、考察，受到了党和国家领导人的接见。他提出的很多好的建议已经在实施之中，国内有许多科学研究机构和大学都聘请他为客座教授。近年，他又为我们国家的同步辐射耸立于世界做出了重要贡献。袁家骝教授在高能物理、高能加速器、粒子探测系统、宇宙线、无线电定向、频率调制和雷达系统等项研究上，为世界物理学做出了巨大的贡献。

袁家骝教授的夫人吴健雄是一位实验物理学家。早在 20 世纪 40 年代，她就参与了世界第一颗原子弹的研制工作。这项最为机密的计划被美国总统命名为“曼哈顿工程”。主持这项机密工程的美国科学家奥本·海默是世界“原子弹之父”，他非常欣赏他的学生吴健雄的才华，吸纳她直接参与了第一颗原子弹的研制工作。机密程度如此之高的“曼哈顿工程”能允许一个刚刚来到美国的中国人参加，足见吴健雄的非凡才学。研究吴健雄的专家方延明是这样评价她的贡献的：“‘曼哈顿工程’遇到了困难，特别是在最初的原子炉制造中，正常的连锁反应在几个小时之内莫名其妙地消失了，所有专家对此束手无策。后来，塞格雷教授建议求教于吴健雄，这一问题才得到了解决。原来，吴健雄早在她的毕业论文中就对原子核分裂时产生的‘铀气体’进行过详细研究，指出是这种‘铀气体’毒杀了连锁反应。据此，研制组制成了‘解毒剂’。”鉴于吴健雄在世界第一颗原子弹的研制过程中表现出来的才能，世界知名的哥伦比亚大学破格接纳她为编内一员，并在 1952 年提升她为副教授。

吴健雄真正称雄于物理界并不是靠参与研制了那颗原子弹，而是在那 1956 年和 1957 年之交的寒冷季节里，在西方世界普天同庆圣诞节的狂欢声中，她和她的科研攻关小组一举打破了“宇称守恒定律”，从而使我们华人在诺贝尔物理学奖方面扬眉吐气了一次：大胆提出“宇称不守恒定律”的杨振宁、李政道因吴健雄的成功实验而荣获了 1958 年的诺贝尔物理学奖。

“守恒定律”是物理学的基础，经典物理学最重要的“守恒定律”是能量与动量的守恒。李政道在其《对称、不对称和粒子世界》一书中说：“很长时间以来，自然规律在镜像反射下的对称性（左、右对称性）被认为是一个神圣的原理。这意味着镜子里面的世界有可能是一个真实的世界……在 1956 年发现左右对称性破坏（宇称不守恒）以前，人们一直认为，自然规律在左、右变换下具有对称性是理所当然的。”

什么叫做“宇称守恒定律”？杨振宁说：“打个比方，每天，当你照镜子时，镜子里就出现一个和你一模一样的影像，即‘镜像’。你和你的‘镜像’完全对称。这种现象在物理学中的表现则是两个互为‘镜像’的基本粒子具有相同的物理性质，这就叫做‘宇称守恒定律’。自古以来，人们就常常讨论对称原理之一——左和右之间的对称。自然界是否呈现这种对称性，曾经被哲学家长期辩论过。然而，物理学一直显示出左右之间的完全对称，这种对称在量子力学上可以成为一种守恒定律。我们称之为宇称守恒定律。它和左右对称的原理完全相同。”

这个早已被世界公认的“宇称守恒定律”真的是完美无缺的吗？不见得。物理学家在运用这一定律进行实验的时候发现了很多用此定律无法解决的难题，使这一定律的正确性、准确性面临着一场挑战。是定律不再成为放之四海而皆准的自然规律？还是自然界的复杂性超越了“宇称守恒定律”的涵盖？

对早已被公认的定律，要想挑战、解决，谈何容易！可以说，成功的可能性是极小极小的。如果最终在定律面前碰了壁，那可就贻笑大方了。如此结果，挑战者将无法立足物理学界！

两位年轻的物理学家杨振宁、李政道，面临科学的困惑，面对早已被世界确认的定律，没有被权威吓倒。他们经过多年反复研究，终于在20世纪50年代初大胆提出了自己的推测、假设：“宇称守恒定律”是不完备的，在强作用下成立的这一定律在弱作用下不一定成立。此时的杨振宁、李政道想到了富有哲学思维的一段话：“什么是不可能？不，没有不可能！什么是不可能？喔，很难发生的就是不可能！”

假设提出来了，怎么去证明假设是正确的呢？推测要有根据才行。处于困难中的杨振宁和李政道想到了自己人吴健雄。同是炎黄子孙，吴健雄肯定更易理解此时的相互帮助是多么重要啊。本要到欧洲讲学的吴健雄见到李政道后，义无反顾地中止了远行的计划。她很快整理了实验的思路，以最快的速度投入到验证之中。这一投入，是全身心的，她忘记了白天、黑夜，忘记了丈夫、孩子，忘记了饭菜的味道，也忘记了旅途的疲劳。她的家在纽约，实验室却在华盛顿。笔者在美国考察的时候，从吴健雄经常奔波往返的那条铁路线上走过。来回上千公里，偶然旅行一次还挺新鲜；如果常常这样奔波，对一个女人来说，的确是太残酷了。此时的吴健雄，儿子不到10岁，她周一去华盛顿工作，周末返回纽约，甚至有时半个月、一个月才回家一次。她回家之时，经常是夜深人静，纽约街头空空无人。如此下来，经历了大半年时间。其敬业精神少有人比。怪不得袁家骝在谈起妻子时说："健雄就是这么个脾气，干起某个事情来，总是不要命！她一生都是如此。"

吴健雄这次为杨振宁、李政道而进行的实验，是把钴—60 置于一个强力磁场内，强迫原子排成一个方向，让它超冷，使无规则的热运动减弱到最小限度，然后再观察它的电子散布在什么地方。1956 年的寒冬，吴健雄整天钻在实验室里，面包、牛奶是她的主食，每天睡眠时间只有 4 个小时。在最紧张的时间里，她天天给杨振宁、李政道通电话。按照"宇称守恒定律"，那些电子应当沿着旋转轴以同样的数目朝上下两个方向发射。可是，随着时间的推移，一个奇异的现象发生了：数以万计的发射电子射向了同一方向。吴健雄的实验证明了这么一个物理现象——"宇称并不是永远守恒的"，从而打破了"宇称守恒"这个定律，在人类探索微观世界方面迈出了重要一步。此时正值圣诞节的前夕，为了使实验能够成功，吴健雄已经完全忘记了今夕是何夕。大雪飞舞、万家灯火的圣诞之夜，就在欢乐的人们庆祝这一年一度的盛大节日时，吴健雄正坐在火车上赶往纽约。她来到李政道家，将最新的实验进展情况告诉给他。1957 年 1 月 9 日凌晨 2 时，请大家记住这个"凌晨 2 时"，吴健雄的最终实验结果经多次复制准确无误地证明了"宇称守恒只是部分的物理现象，在更多的弱相互作用下，宇宙是不守恒的"。杨振宁、李政道的科学构想终于得到了证实。

吴健雄的实验立即引起全球轰动，困扰了全球科学家们几十年的"大谜语"终于有了答案。为此，瑞典诺贝尔奖金委员会决定将 1958 年的诺贝尔物理学奖授予杨振宁和李政道。

许多记者在采访吴健雄时都问到这么一个问题："您的实验证明了杨振宁、李政道的推测的正确性，您也应当获得诺贝尔奖。"面对这样的问题，吴健雄的思考是成熟的："我只知道科学探索的乐趣。我是为了科学而进行实验的，而不是为了荣誉才去搞实验的。实验本身，其乐无穷。我只是证明了杨振宁、李政道向物理学界提出的大胆假设、大胆推测的正确性。没有理论物理学家，实验物理学家将徘徊不前。我从内心里为他们获奖而高兴。我想，每一个中国人听到这个消息都会感到高兴的。"

的确，正如吴健雄所说的，每一个中国人都为杨振宁、李政道荣获诺贝尔奖而高兴，每一个中国人都为吴健雄的卓越验证而感到自豪。这是中国人在美国的土地上进行的一次最伟大的合作，充分表明了中国人民的凝聚精神。1974 年 5 月 30 日，毛泽东在中南海接见了李政道。毛主席和他谈话的主题还是“宇称守恒定律”和“宇称不守恒定律”。这一天恰是袁家骝和吴健雄的结婚纪念日。这是天意吗？

更有意思的是：当全世界各大报纸竞相报道这一伟大的实验和这一伟大的理论获得成功之时，我们的《文汇报》也在重要位置报道了这一令中国人骄傲、自豪的喜讯。1957 年 2 月 23 日正是吴健雄的父亲吴仲裔的 70 岁生日，邮递员送来了当天的《文汇报》。吴仲裔翻开报纸，突然看到了女儿的照片和女儿取得的科学成就，喜不自禁，老泪纵横。自 1936 年告别父母万里求学，21 年未归的吴健雄突然出现在报纸上。在父亲生日这一天，女儿与父亲“相见”无语。这是多么令人难忘的镜头啊！这是多么美好的人生故事啊！这是上帝的安排吗？这是“宇称守恒定律”在显灵，还是“宇称不守恒定律”在显灵？

此后，不懈追求的吴健雄不改本色。1961 年，她又以自己精确的实验证明了麻省理工学院吉尔曼教授提出的新理论：微粒子分而复合时，向量电流的能量依然存在。1963 年，吴健雄在哥伦比亚大学通过实验，证明了费因曼和盖尔曼两位教授提出的新理论的正确性，即在核的衰变中矢量流守恒性。在她的实验证明之下，这些科学家们均成为诺贝尔物理奖得主。所以，人们如此赞美吴健雄：诺贝尔物理学奖获得者的最理想的“保姆”。

四、故园情

1936 年离开祖国的袁家骝、吴健雄夫妇，早就想学成之后返回祖国效力。他们当时的想法就是到美国留学几年后即返回祖国。不料，等到他们在 1940 年获得物理学博士学位时，第二次世界大战的战火正在全世界燃烧。怎么办呢？是回国搞科学研究，还是在美国继续深造？正处于抗日战争时期的中国，北平、南京、上海已陷敌手，科研是肯定搞不成了。加州大学的世界著名物理学家劳伦斯先生郑重地告诉他们：“为了科学，为了这次反法西斯战争的胜利，希望你们能留下来。将来，你们的所学一定会有机会报效你们的国家。”

新中国成立后，中美两国都卷入了朝鲜半岛的战火。为了遏止留美中国科学家回国，美国政府动用了一切力量。在此情况下，袁家骝夫妇回国无望，再加上袁家骝先生是袁世凯的孙子这一极为特殊的家庭背景，袁家骝夫妇最终未能实现归国之梦。直到 1972 年中美关系解冻时，恋国

袁家骝、吴健雄1973年初回国时与周恩来会面。

情思已无法排遣的袁家骝夫妇，总算看到了希望。此时的他们已离开祖国36年了，人生有几个36年啊？

1973年，去国达37年的袁家骝夫妇终于踏上了回国的旅途。袁家骝在他的书房里回忆这段往事时激动地说：“离开祖国、离开亲人几十年，那种乡愁是很沉重的。那时候，我们整天惆怅，心里总有一种失落感。”正如吴健雄在给朋友的一封信中所说的：“我们流落异邦，无论如何成家立业，心中免不了惆怅。”

笔　者：1973年您回国访问中，最难忘的经历是什么？

袁家骝：是我们见到了周总理。总理那个人真好啊！他作为一国总理，可以说，日理万机，可是他对我们竟是那样地细心、体贴。他的人格之高在我们当今世界也是极为少见的。他去世的消息传到美国时，我们都哭了。联合国还为他破例下半旗致哀。这是全世界对他人格的尊重。

总理接见我们的那一天是1973年10月12日。正当我们要离开北京的时候，突然接到通知：总理当天晚上要在人民大会堂接见我们。我们听到这个消息十分兴奋，按照约定的时间来到人民大会堂的安徽厅。总理迎上来，紧紧握着我们的手说：“欢迎，欢迎，今天我在安徽厅接待你们二位，知道是什么原因吗？”我们不知其因。总理风趣地说：“吴教授是江苏人，袁教授是河南人，安徽在江苏、河南之间，所以我就选在安徽厅接待你们。”总理的心真细，让我们感到非常温暖。

总理又问：“回老家了吗？有什么感受？”

吴健雄说：“回老家看了看，面貌和几十年前相比是不同了。”

总理说：“我看人口增长了不少，其他变化恐怕不大吧？”

接着，我把想回河南老家看看的想法告诉了总理。总理说：“可以嘛。我刚从河南回来，是陪同加拿大总理去看洛阳龙门石窟的。我们应当用历史唯物主义的眼光去看待历史。袁世凯是袁世凯的问题，袁克文是袁克文的问题。每个人都要对自己的历史负责，而不应混淆在一起。你应当回老家看看祖父的坟。”

听到这里，我心里十分激动，总理太理解我们了。想想那个时候正是“文革”啊！总理这样理解我们，太不容易了！我们刚入境的时候，我就把想回老家给先祖父上坟的想法告诉了接待我们的工作人员。但是，迟迟未见回答，我心里一直忐忑不安。这下总理给解了难，了却了我们的一桩心事。

那天的接见时间很长，从晚上 8 点一直到次日凌晨 1 点多钟。总理在这中间还请我们吃了一顿夜宵。当时在座的有郭沫若、吴有训、钱学森等。我们像拉家常一样，围绕着中美关系和科学技术的发展、中美科学文化交流、中国对外开放这些话题，无拘无束地进行了交谈。总理说：“我们已准备逐步扩大跟外国的人员交往和科学技术交流。如有可能，也请你们多多帮忙。”听到总理的嘱咐，我们高兴地说：“我们一定尽力去做，一定尽力去做。”

总理的知识面很广，对科学技术十分重视。我们都为总理对世界科学技术发展的了解和见识而赞叹不已。

正在我们交谈的时候，有位科学家向总理谈起了健雄的叔叔和弟弟在“文革”中的不幸遭遇。总理的脸色倏然冷峻起来，一阵悲凉也袭上我们的心头，不知道总理会说什么。我们没有想到，总理声音低沉地说：“我不知道你们家的变故，等知道已经迟了。在这场全国性的运动中，我的亲戚也受到了冲击。”接着，他向我们微微欠了欠身子说，“真是对不起得很……”听到这句话，我们激动得热泪盈眶，连声说：“事情已经过去了，过去了。”我们能说些什么呢？那个时候，总理就对“文化大革命”很有看法。他的态度表明他正在为早一天结束那场灾难而尽力。后来，我们才知道那个时候总理已经重病在身了。重病在身的总理竟和我们畅谈了四五个小时！他的坦诚、博大，真是令人感动啊！

笔　者：新中国成立后不久，就接连不断地搞了十几年的政治运动，阶级斗争搞得很厉害。你们家这种特殊的背景，家人肯定遭到很多不幸。

袁家骝：是这样，家里很多人遭到批斗、打击，被扣了很多“帽子”，有的被管制起来，有的跳河自杀了，生活状况、精神状况很不好。周总理知道这个情况后，指示天津市有关人员突击落实对待在天津的袁氏后裔的各项政策，要为他们恢复名誉，安排工作，退还他们的私房及其他财产。这是我们袁家生活上的重大转机，我们袁氏后人都非常感谢总理，都很怀念他。1973 年那次回国，不愉快的事情也遇到不少，家里亲属的情况都不好，我心里很难受。我回安阳给先祖父上坟，整个坟园被搞得一塌糊涂。我 13 岁离开安阳时，先祖父的墓园非常好，没有想到“文革”时期被破坏得不成样子，石人石马等全被推翻，墓园一片颓败、凌乱。幸好先祖父的墓浇铸了两米厚的钢筋水泥，红卫兵用过各种自制的炸药也没有把墓炸开。先祖父的墓穴总算得以存留。

笔　者：改革开放以后，大家对历史的评价更趋客观公正，对重大历史文物的认识有了很大的提高。现在，河南省对保护您爷爷的墓地越来越重视。我回国后一定到安阳去一趟，把近年墓地保护的情况如实告诉您。

袁家骝：谢谢您。我很关心这件事情。我们不能这样对待历史。先祖父的墓是中国近代史上的一个重要遗迹，应当保护好才好。

说到这里，袁家骝话题一转说：“这十几年，咱们中国的改革开放搞得好啊！全世界的华侨都拥护，从心眼里拥护。邓小平真伟大！”

笔　者：您见过邓小平吗？

袁家骝：见过，见过。1984 年，我们再次回国。这一年的 9 月 19 日，当时任中央顾问委员会主任的邓小平在人民大会堂接见了我们。这次接见和周总理的那次接见一个样，大家谈得非常好。邓小平和周总理有很多地方都相似。邓小平的幽默、坦诚和活跃的思路，给我们留下了很深的印象。那天，我们谈得最多的就是改革开放和科学进步。他说，他要当好“后勤部部长”，为科学教育服好务，让科学家们轻装上阵。邓小平对科学进步的理解很透彻，谈了很多这方面的情况。我向邓小平建议，要抓紧建设高能物理研究所，不能迟疑了。邓小平当即指示有关部门的负责人，要抓紧考虑这件事情。在那次接见中，我们除了谈科技之外，还谈到祖国统一问题。我们讲，海峡两岸应该相互参观、了解——祖国大陆应该组织团体，到台湾参观、考察他们的科技等方面的情况，增进了解；大陆和台湾都要为祖国统一做出努力。祖国统一了，中国就国富民强了，外国人就不敢欺负中国了。祖国和平统一了，我们中国的地位就更高了，

改革开放初期，邓小平会见袁家骝（右一）、吴健雄（右二）、杨振宁（左二）、丁肇中（左三）。

中国在世界上的力量就更大了。邓小平对此表示赞同。我们还谈到，这几年中国实行开放政策，派留学生出国学习，这很好。出国学生基础知识都很好，到国外后大都钻在图书馆里学习。但仅有这一点还很不够，留学生还应该到美国政府、工厂、机关等地方走走，多接触美国社会，以增长见识、提高才干。邓小平还问我们："大陆学生和外国学生的最大区别在哪里？"我们说，大陆留学生基础知识好，刻苦勤奋，但不善于提问题。美国学生思维活跃，好提问题；他们回到家里，父母就问学习："今天，你向老师提了问题没有？提了多少问题？"我们中国的家长则一般不会这样引导。邓小平同志问："对于回国的留学生，应当怎么办才好？"我们讲："留学生要回国工作，要为国家多做贡献。但是他们回国后，国家应该为他们创造选择工作的自由空间和较好的工作条件，要允许回国人员再出国留学，不要限制他们。"邓小平同意这个观点。那天，我们的很多观点都是在吃饭的时候谈出来的。

笔　者：您对咱们中国在下个世纪的前途如何看？

袁家骝：现在咱们中国的形势是很好的，照这样发展下去，不得了！下个世纪肯定是中国人的世纪，这一点全世界都知道。中国人自古以来就重视文化、重视教育，这个传统很好。咱们中国人天分好，很聪明，又肯钻研，哪有不成功的道理？祖国要是统一起来就更好了。咱们国家可不敢乱，一乱就糟了。稳定、发展是头等的事儿，一些国家希望中国乱，咱们可不敢乱。我和健雄每次回国都想为国家多做点事情，只觉得做得太少太少了。现在我们都80多岁了。只要国家有需要我们的地方，我们一定去做好。我特别不喜欢当什么顾问，搞什么兼职，我最怕顾而不问，或顾问了一点，什么也没有做成。我们想实实在在地做成一些事情。我们最担心的是，提了好的建议，就是落实不下来，办不成事。时间耽误不起啊！近几年，台湾邀请我比较多，我常去，台湾的同步辐射中心在亚洲是最大的。对此我很高兴，总算办成了一件大事。

笔　者：您有没有人生的遗憾？

袁家骝：有啊！改革开放刚开始的时候，我和健雄曾经想回国定居。我们考虑了很长时间，最终没有回成。我们在美国时间太长了，算算正好61年了！我们太老了，走不动了。

谈到此，袁教授无限感慨地长叹一声："哎！"

赵沨简历：

赵沨，1916年生于开封。中国著名音乐教育家、音乐评论家和国际音乐活动家。1931年考入河南建华艺术学校音乐系。后师从加拿大传教士安德生学声乐、苏联著名作曲家阿夫夏罗莫夫学习作曲理论。1939年在重庆组成“新音乐社”，与李凌一起主编《新音乐》月刊。在国统区第一次演出冼星海的《黄河大合唱》时，担任《黄河颂》的独唱。1941年到缅甸对青年华侨进行爱国抗日宣传工作。1942年在云南参加民主同盟工作。1946年到香港，与马思聪、李凌合作创办中华音乐院，并任副院长。同年，任广东艺术专科学校音乐系教授。1949年夏回到北京，任中华全国音乐工作者协会秘书长。1952年任文化部办公厅主任，并历任艺术局局长、对外联络司司长，同时任音乐出版社董事长兼社长。1956年到中央音乐学院，先后任副院长、院长、名誉院长、国务院学位委员会学科评议委员（艺术学科组组长）、国家教委艺术教育委员会主任等职。2000年获中央音乐学院萧友梅音乐教育建设奖，2001年获中国文联、中国音协颁发的首届中国音乐“金钟奖”终身荣誉勋章。曾出访过三十多个国家，为促进国际文化艺术交流做出了贡献。2001年9月去世，享年85岁。

赵沨：道出一代人的思索

一、喀秋莎

读者朋友，您听过这首歌吗？

正当梨花开遍了天涯
河上飘着柔曼的轻纱

喀秋莎站在峻峭的岸上
歌声好像明媚的春光
姑娘唱着美妙的歌曲
她在歌唱草原的雄鹰
……
驻守边疆的年轻的战士
心中怀念遥远的姑娘
勇敢战斗保卫祖国
喀秋莎的爱情永远属于他

青年时期的赵沨夫妇。

这就是优美的俄罗斯歌曲《喀秋莎》。

那么，是谁最早把《喀秋莎》翻译到中国来的呢？就是后来成为中国最高音乐学府——中央音乐学院院长的赵沨先生。50 多年前，他在重庆翻译了这首歌，如今这优美的旋律仍然风靡中华大地。

1996 年 1 月上旬，国务院学位委员会在郑州召开评议会，赵沨作为艺术学科组组长参加了这次会议。在他下榻的黄河饭店我们见了面。

笔　者：据有关统计资料得知，中央音乐学院的历届学生在全世界各类比赛中获奖 1000 多次。几十年来，您历任该院副院长、院长、名誉院长，向来是以培养音乐家而闻名海内外的。现在您又把主要精力投入到普通大中小学音乐教育上来。这种教育思想的转变，其深层的原因是什么？

赵　沨：我从 1956 年到中央音乐学院工作以来，一直是在艺术教育的大行当里面。前几十年是搞专业音乐教育，就是培养专门家。由于中央音乐学院全体师生的努力，我们学院是很有成就的。在音乐教育方面，可以说我们中国人并不落后。比如说，像钢琴这样的外来乐器，在中国也不过 100 年的历史，但 1957 年我们就在匈牙利举办的一场国际钢琴大赛中得了特别奖。

笔　者：您说的特别奖是……

赵　沨：得到的是李斯特的一缕头发。这是那场比赛中的最高奖誉。1958 年，在第一届莫斯科柴科夫斯基国际钢琴比赛中，我们的刘诗昆又得了第二名。但是，所有的舆论都认为我们应该是得第一的。一等奖给了美国人凡·凯本。其主要原因是当时苏联正同美国改善关系，是政治上的原因。

笔　者：钢琴已有 300 年的历史。1709 年，意大利人巴托罗缪·克利斯托弗利制成了世界上第一架钢琴。这之后世界上才有了巴赫、莫扎特、贝多芬，才有了肖邦和柴科夫斯基。而钢琴真正在我国兴起也不过百年的历史，

晚年时期的赵沨夫妇。

新中国的钢琴家能在世界上迅速崛起，这是具有划时代意义的。

赵 沨：我们年轻的一代，在音乐方面取得了很大的成绩，不仅仅是钢琴，我们还有在国际小提琴和声乐比赛中获得第一名的，我这里就不一一讲了。

二、救救孩子

笔 者：1995 年第 3 期的《中华英才》上有一篇关于您的文章，文中提到，如今活跃在中国乃至世界乐坛的佼佼者都与中央音乐学院有着直接或间接的关系。中国音乐学院的金铁林教授称，是中央音乐学院造就了他。金铁林毕业 10 余年后，在您的理解和支持下成为中国民族声乐乐坛上最负盛名的教授之一，李谷一、彭丽媛，都出自金铁林门下。据说是李凌同志和您发现了关牧村，把她推荐到高淑珍门下，才促使她成为中国乐坛上的歌唱家。

赵 沨：我搞了几十年专业音乐教育，应该说是有一定的看法和认识的。为什么我要关注国民音乐教育也即普通大中小学音乐教育呢？退居二线以后，我感觉到，由于“十年动乱”，普通大中小学音乐教育有着很大的空白，也可以说是完全被摧毁了。对此，我就联系了艺术界的几十个人，向国家教委呼吁，向全社会呼吁，引起了国家教委的高度重视。

这之后，国家教委组织成立了第一届艺术教育委员会，并由时任国家教委副主任的彭珮云同志任艺术教育委员会主任。从此，这个问题被提到议事日程上来。当时，我任艺术教育委员会副主任。我们出台了一个全国各级各类学校艺术教育的总体规划，并在几个方面做了具体规定。这些规定引起了全国各省市的普遍重视。这些年，全国大中小学艺术教育应该说得到了很大改变。但是，这种改变是初步的。

第一个原因就是师资力量非常薄弱，问题的关键在于师范教育。旧的师范教育在音乐美术的培养目标和课程设置上有一个误区，即：“师范不姓师”，不是向教师方向培养，更多的是向专门家的方向培养。这种做法，我认为是错误的，因为一个很好的演奏家不一定是一个很好的教育家，一个很好的教育家有可能是一个很优秀的表演艺术家。对教育家的需求，在社会上可以说是非常迫切的。

第二个原因，我个人认为，在于早些年无论是政策导向还是舆论导向上都有一定的失误，导致不少青少年对于音乐、美术这样一些学科或者一无所知，或者随波逐流。改革开放以后，像小平同志所说的，门窗打开了，苍蝇、蚊子是要飞进来的。飞来的苍蝇、蚊子应该说不少，但苍蝇、蚊子飞来以后，我们如何对待它们呢？是消灭它，还是奉养它？很遗憾，早一些时候采取的是一种奉养的态度，而不是消灭的态度，造成了广大青少年审美教育走向恶性循环，审美教育的目的并没有达到。

比如在娱乐方面，有些作品是不健康的，不是积极向上的，而且品位很低的。如一些小报，什么“天王”，什么“巨星”，无原则地去吹、去“炒”，“炒”出了一批“追星族”；还有一些武打片、警匪片、破案片，在某种意义上起到了教唆犯罪的作用。这引起了中央很多领导同志的重视，认为这个问题对青少年造成的影响是不可低估的，有很多青少年由此误入歧途。这个我们不能完全怪孩子，还要看你给孩子灌输了什么东西。我们在北京市东城区少管所了解到，差不多所有的失足青少年都曾受到一些不良的、恶劣的甚至是反动的“文艺作品”的影响。所以，这些事例可以说明，早些年文学艺术生活中间产生的不良作用和影响已经对青少年的心灵造成了很大很大的伤害。

笔　者：李光耀在70年代初就告诫他的国人说，我们必须预防时下流行的歪风，使我们不受沾染。我们应该趁孩子年幼的时候，让他们懂得有些基本的传统价值是应该牢牢遵循的。懂得什么是善，什么是恶，什么是应当羡慕的，什么是应当鄙视的，传媒不应该乱抛毒素！

赵　沨：我认为，我们在文学艺术上提倡什么、反对什么、允许什么，都应该非常非常明确！这个是我们的内政，是我们的教育问题，它将直接影响着下一代青少年的走向。所以，我才说，过去曾一度存在着舆论导向和政策导向两个方面的失误，尤其是政策导向在一定时期内并不明确。当然，我不认为小平同志不明确，小平同志讲得很明确。

比如说，小平同志讲过，我们如果把经济搞上去了，但是我们道德败坏、贪污腐化，我们的经济就要走到斜路上去。这不是他许多年前就提出来了吗？关于“苍蝇”和“蚊子”，不也是他老人家提出的吗？那么，如何把这种指导性的意见真正地付诸实践，到目前为止，并没有从根本上解决。比如扫“黄”也好，打“非”也好，都很有必要！因为“黄”、“非”的确严重危害社会。但是如何能从政策上和政府行为上来使这些东西真正绝迹？你不是要赚钱吗？我不仅不让你赚钱，还得让你倾家荡产。如果没有严厉的处罚措施，就不可能使人们自觉地停止错误的行为。在这方面，我是痛心疾首的，我们先辈100多年艰苦奋斗、抛头颅洒热血为的是什么呢？

再比如，在流行歌曲里面，咱们随便举一个例子——“我不希望天长地久，我只需要一时拥有……”像这样的歌词，影响是相当恶劣的，对青少年的危害是无以复加的。真正的爱情，我们希望是天长地久的。你说连爱情上的天长地久都不要了，再不要说别的天长地久了。这怎么可能给青少年一个正确的导向呢？这简直是把青少年引向颓废、堕落。像这种歌词还不是最坏的。

笔　者：我们刚才来时，您正在看电视。那么，请您谈谈目前电视节目对青少年的影响。

赵　沨：刚才我在看“卫视英文台”的节目，看它搞什么东西。因为你不看就没有发言权。说得透彻一点，这是对我们进行文化渗透的一条渠道。

我是属乌鸦的，叫起来不好听。我对社会文化环境、对青少年的成长环境讲过很多。其中，我曾着重讲过电视。当年列宁曾经讲过，电影是最大的宣传武器。现在电视的宣传作用比电影不晓得要大多少倍。中国的电视机普及率在全世界上是相当高的，早就走进了千家万户。但是说到电视内容，不客气地说，有些是同我们国家的形象不相称的。

如流行歌曲不是不可以用到电视剧的片头片尾，但是与影视内容绝对不相适应的流行歌曲为什么非用不可呢？我曾看到电视上放过关于宋庆龄的节目，当孙中山和宋庆龄长期分别后在草地上含情脉脉地慢慢走到一起时，响起了一首流行歌曲。从格调上、从特定的情景上讲，这首歌都是不合适的。这样两个伟大人物的相会，怎么插进来个流行歌曲哼哼唧唧的？与情节不相称嘛！还有一首歌："我要轻轻地告诉你，我就是爱你；我要轻轻地告诉你，我就是爱你。"从头到尾就是这一句话。你爱就爱吧，不要总是喊来喊去。要是我有这么一个爱人，我心里早就烦得受不了了。

但是，我绝对不是对通俗音乐一棍子打死。通俗音乐有它存在的社会原因。在工作之余听一段轻松的通俗音乐，是生活上很好的调剂。但我们不是要听那些不健康的音乐。

我认为，通俗不等于庸俗，抒情不等于色情，美感不等于快感。有些人就是把通俗和庸俗等同起来了，把抒情和色情等同起来了，以快感代替了美感。因此，才有徐惟诚同志讲的，流行歌曲不能作为教材，流行歌曲不能进入课堂。这明确地表示了一个严正的态度。我们不反对好的流行歌曲。但是那些不好的，我们应该绝对地、坚决地予以反对。任何一个有理性的人都会看到并认识到，整个社会的文化环境对部分青少年造成的恶劣影响已经到了无以复加的地步，已经到了像鲁迅当年呐喊的"救救孩子"的程度。

我比较狂妄地说，之所以造成"一手软一手硬"的问题，就是精神文明建设的操作性不明确。也就是说，如何操作和谁来操作，还不是十分明确的。当然，值得欣慰的是，江泽民同志、李鹏同志、李岚清同志都多次做出过"要提倡高雅艺术、用优秀的作品来教育人"等许多重要的原则性的指示。社会文化环境正在开始有所好转，但是离我们理想的境界还有一段距离，我们还有许多工作要做。

三、什么是真正的博士？

笔　者：您刚才说，看一个民族的音乐素养情况，不能只看有多少个专门家。你有100个第一流的钢琴家，你有1万个第一流的小提琴家，不等于你的音乐生活是健康的。音乐生活的健康还意味着整个国民音乐教育是达标的、整个社会音乐环境是健康的，而我们觉得提高音乐素质只是提高民族素质的一个方面。

赵 沨： 当然。这里，我要说一个小故事。1955 年，我第一次访问法国。回来后，周恩来同志问我："赵沨啊，你这次访问最大的心得是什么?"我说："我有一个感想。我认为，中国知识分子是知识最不完全的。他在本专业上确实很'专'很'专'，但是专业以外呢，是很不行的。这是我们中国知识分子的一个弱点。"我说，印象最深的有两件事。一是我在北京时某外语学院毕业的翻译和我一起陪同外宾看戏，看的是马连良演的《群英会》。

马连良前一段演孔明，后一段演鲁肃。这个外国人看出来了。他问，这不是一个演员吗？怎么胡子换了，这是怎么回事啊？我们这位翻译就说，他们是兄弟两个。一个搞翻译的，对中国传统文化一无所知，不可能是称职的翻译！所以，我觉得外语学院不应该只培养学生的语言能力，英国语言系应该是英国语言文学系，法国语言系应该是法国语言文学系或者是法国语言文化系，这样才能使学生成为一个真正合格的翻译。

我说的第二个印象最深的事是：一天，在法国一个森林公园里三位大师请我喝酒，一个是大诗人阿拉贡，一个是大钢琴家柯克托，一个是著名演员菲利普。这三位大师跟我一起在那里坐着喝酒。我们的话题不是戏剧，不是钢琴，也不是诗歌、文学，主要是谈生物学。建国初期我在中共中央宣传部工作过，曾当过两年的科学卫生处处长，又经历过一个对生物学的讨论会，所以那天我还有话可说，否则我只能坐在旁边哑口无言。这证明中国知识分子知识面太窄了，人家是很宽泛的。你要在专业上有所建树，你必须要有比较广博的知识。

比如说，你是一个学过入门的物理的现代人，你就应该了解现代物理学和古典物理学二者是怎么回事，应该了解爱因斯坦怎样把牛顿的古典物理学做了修正，并不要你去真正了解什么量子力学或者核物理。如果你对计算机的发展一无所知，那么你就不知道电子音乐是怎么回事，你就不知道用电子仪器来辅助作曲是怎么回事，当然你在音乐上的路子也是很窄的。没有这些基本的常识，成为一个健全的现代人很难。就是说，一个人要有较全面的修养，你才能在本专业上有所建树，否则你在专业上也是残缺不全的。

笔 者： 如何从应试教育走向素质教育？

赵 沨： 现在，咱们的教育方针有一个新的提法，就是从应试教育向素质教育转轨。我觉得是一个很好的口号。人受教育的目的主要是为了使自己全面提高文化素质，不是仅仅学会识字、会加减乘除、会开方、会函数等就算有知识了。比如说你是搞音乐理论的，那么你就应该对钢琴及其他乐器和对音乐史、音乐文学的发展等都要有一定的涉猎，然后才是你的本专业。所以我这次在郑州开会时提出，博士必须具备三个条件：第一个就是要有广博的知识面，第二个是要有专业动手的能力，第三个是研究工作的能力。在研究的过程中，你要能发现问题、解决问题。要从这三方面培养博士生才能使他们成为真正的“博”士，否则的话，他只是一个匠人而不是一个学者。

四、人才外流的忧虑

笔　者：近些年，我国一批批人才到国外去，您对此有何看法？

赵　沨：这个事情我觉得既有不可避免的一面，又有我们失误的一面。十几年前我到香港参加中央音乐学院校友会，在欢迎宴会上有中央音乐学院校友资格签字的就有136人。这还是十几年前的事儿，现在恐怕会更多。新加坡国家交响乐团的团员中有2/3是我们培养出来的人，有几个在美国、北欧都成了歌剧院的“台柱子”，还有曾在国际小提琴比赛中获得第一名的。有很多“尖子”都出去了。

为什么会出现这种现象呢？一方面是我们国家资金困难，在严肃音乐的提倡和发展方面没有力量来做很多的工作。很多音乐人才没有发挥自己才能的机会。有些声乐演员毕业以后连一个戏都不能演，有的一年也开不了一次音乐会。另一方面，我们对人才还不够重视。应该在非常困难的情况下，给他们创造比较好的条件。在延安我们不就是这样做了吗？延安更穷啊！当时的延安，一方面音乐人才有革命的理想，另一方面党和边区政府也尽量给他们以较好的生活条件。我们连这一点都做不到吗？

笔　者：1988年，小平同志在《科学技术是第一生产力》中就提出要注意解决好少数高级知识分子的待遇问题。他说，调动他们的积极性，尊重他们，会有一批人做出更大的贡献。我们自己的原子弹、氢弹、卫星、空间技术不是也搞起来了吗？我们的正负电子对撞机工程在全世界也是居于前列的。知识分子的待遇要解决，使他们感到有希望。提倡安贫乐道，但要使他们基本上安居乐业。我们的留学生有几万人，如何创造使他们回来工作的条件，这很重要。否则，这些人不回来，实在可惜。

赵　沨：是的。小平同志讲过，要给他们创造工作条件，要设置接纳他们的机构，要把“文革”时的“老九”提到“第一”。可是，我们为什么就做不到呢？我们的“尖子”大量地出去了，我们培养的人才被国外称为“物美价廉”呀！不要说在美国、新加坡这样的地方了，就说我到过的原联邦德国，那里有一个小城市，一天，我正在大厅里喝咖啡，突然间来了一个中国留学生，他是当地歌剧院的首席男高音。连那样一个小城市也有中国演员，还是首席男高音。这说明了什么？说明了我们大量的音乐人才流到了世界各地。

笔　者： 由此也可以看出，您现在真正实现了桃李满天下，满世界了！

蒋晔拜访赵沨（右）。

赵　沨： 这是骄傲的一面。这里说起一个笑话：粉碎“四人帮”以后，第一个法国文化代表团访问我们学院。我把学院的情况向他们做了介绍。其中一个法国记者说话很随便。他问：“院长先生，看来你们这个学校是全中国最好的音乐学校了？”我说，这个问题我很难回答：如果我说是最好的，显得我很不谦虚；如果我说不是最好的，我又很不诚实。你让我处于两难的境地，让我怎么办呢？这番话在文化界传为笑谈。

大量的人才外流不能不引起我们的忧虑。可是我觉得可能有好的一面。他们在国外可以得到更多的锻炼机会。但中国人还是要叶落归根的，等我们国家真正富强起来了，他们早晚会回来的。现在台湾省已发生这种现象，有很多在外的台湾人又回到台湾了。实际上，一些在国外有工作的中国人并没有可靠的保障。我在美国发现，很高级的白领阶层都不敢随便用钱，圣诞节都不买礼物，都在尽量储蓄。所以，我们这些在外的中国人，总有一天是会回来的。

笔　者： 近些年，我们发现一种现象，有很多从国外回来的海外游子，大都只是回来寻根问祖的。这说明，当他们在国外落地生根以后，想让他们重新回到原来的国度，重新改变早已形成的生活习俗，再去开辟新的生活，这步棋是很难下的。

赵　沨： 现在的关键是，我们应该采取强有力的措施，留住国内的人才，吸引在外的人才。这里，我还要提到李光耀先生讲过的一段话了，他说，新加坡出生的人才必须是国家的栋梁。我们可以罗致外来人才，作为横梁和支柱，以取得更高的成就。但如果在本国出生的人才大量外流，国家的栋梁就会被削弱，就算我们多架上一些横梁和支柱，也于事无补。这些话值得我们深思。

（李毓梅　蒋晔）

陈宪章简历：

陈宪章，常香玉的丈夫，1917 年生，河南郑州人。著名剧作家，一级编剧。曾任香玉剧校校长、香玉剧社副社长、河南省豫剧一团团长等职。对常派艺术的形成，做出了十分突出的贡献。创作并改编了《花木兰》、《拷红》、《白蛇传》、《大祭桩》、《破洪州》、《五世请缨》、《跪韩铺》、《司马茅告状》、《冰山春水》、《柳河湾》等一批剧目。其中《花木兰》参加 1952 年第一届全国戏曲观摩演出大会，获剧本奖和演出二等奖。《大祭桩》参加 1956 年河南省首届戏剧会演，获演出一等奖、剧本二等奖。他在抗美援朝期间对捐献“香玉剧社号”飞机的义演活动和香玉艺术奖的设立及香玉艺术奖基金的筹集，都起到了重要作用。2000 年 7 月去世，享年 83 岁。

陈宪章：我们要寻找您的魅力

剧作家陈宪章，在他 26 岁时，与“豫剧皇后”常香玉结婚。也就是说，当年 26 岁的陈宪章为了爱情，为了艺术，放弃官职，成了一名“江湖艺人”。从那时起，注定了常香玉的命运，也注定了陈宪章的命运，尽管这两位艺术家在人生的江河上潮起潮落。

正是常香玉宽广的音域、优美的唱腔和独创性的表演，使陈宪章的艺术才华淋漓尽致地得到展示。

陈宪章使常香玉由一位“有良心的艺人”成为非凡的艺术家、伟大的爱国女性。

这一切，都是因为有了爱。

陈宪章有胆。为了追求婚姻自主、恋爱自由，他一次出走，一次私奔。虽遭官方通缉，历经重重磨难，但义无反顾，置生死于度外，最后有情人终成眷属。

陈宪章有识。从 50 多年前“下海从艺”那时起，他就选准了自己的位置。为常派艺术的发展不遗余力。在抗美援朝初期，为鼓舞中朝人民的斗志，他和王景中合作改编京剧《木兰从军》，由常香玉搬上舞台，先后巡回义演 150 多场，捐献了一架“香玉剧社号”飞机。同时，为了维护国家的利益和做人的尊严，他作为那次重大活动的组织者，不惜把自

1995年9月，陈宪章、常香玉夫妇阅读刊载中原文化名人独家访谈文章的《河南经济日报》。

己违法的姐夫送进监狱，使这一伟大的爱国举动得以顺利完成。不仅成为千古佳话，也激励着中华民族的后世子孙。

陈宪章有才。他创作、改编的40多个剧目中，《花木兰》、《拷红》、《大祭桩》、《破洪州》、《白蛇传》均成为传世之作。仅《花木兰》在全国就已演出2000多场。为常派艺术的形成和发展起到了不可估量的作用，为豫剧树起了一座丰碑。陈宪章成为现代豫剧的奠基人之一。

陈宪章有量。陈宪章曾说，当年何以有那些勇敢的举动，就是因为自己有丈夫气。可这位有丈夫气的陈宪章，为常派艺术的发展，又甘愿一生默默无闻。长达半个世纪的无私奉献、轻名忘利，这种胸怀，这种达观的人生态度，说明了什么？无论胆识与才华，无论情怀与胸襟，无疑都集中体现了陈宪章独有的英雄气质，或者说，他有意无意地体现着我们民族的一种素质。这素质，来自他的阅历和对事业的不懈追求。

然而，他给我们的印象却是出乎意料的谦虚、坦诚，既从从容容，又实实在在。

一、我是常派艺术里的螺丝钉

陈宪章：我这个不要单独谈，我本来就是一个默默无闻的人，做的事情也是默默无闻的事情。刚才你们拿我跟吴祖光比，拿我们俩跟吴祖光、新凤霞夫妇比，我觉得香玉同新凤霞比是当之无愧的，但拿我跟人家比，我是很渺小很渺小的，我说的都是实事求是的话，也是我的真实心情。人家吴祖光博学多识，才华横溢，而我是个知识比较贫乏的人。

和豫剧结缘是从我认识了常香玉以后开始的。当时我在宝鸡县三青团做书记，常去看她的戏。日子久了，以戏为媒，由爱她的戏就爱上了她的人。那时香玉对官场的人十分厌恶，对我也将信将疑。结婚前，她提出了婚姻的三个条件："第一我不跟当官的结婚；第二结婚以后我得继续唱戏；第三你得帮我一起演戏。"这三个条件正符合我的爱好和志趣，于是1943年我们就结了婚。从此我弃"官"从艺，开始了自己的艺术生涯。

我一开始就为香玉写戏，不仅是为了爱情，也是为了客观实际的需要，为了生存的需要。

以后，我为豫剧做了一些事情：

1948年，我在西安帮香玉办起了香玉豫剧学校。我任校长，她任董事长。

1950年，香玉豫剧学校改名为香玉剧社，她任社长，我任副社长。

1951年，我帮助她率剧社为抗美援朝捐献了'香玉剧社号'飞机。

1952年，帮她带着剧社进京参加第一届全国戏曲观摩演出大会。

1953年，又帮她带着剧社到朝鲜前线慰问志愿军将士，历时5个多月。

1987年，为了自筹资金设立香玉杯艺术奖，她出面承包了省豫剧一团，由我任团长，完成了20多万元的奖励基金任务。总之，自我从艺以来，始终围绕着香玉的艺术需要而工作，剧团的组织领导、编剧、导演和她的文章、讲话的撰稿人等我都做。

1956年开始，我专职搞剧本创作，也是听从组织的安排去为香玉写戏的。所以从艺50多年，我只是在常派艺术里起了一个小螺丝钉的作用。

二、千言万语皆是情

陈宪章： 你们问我，是不是和香玉认识之初，就意识到自己找到了终身伴侣？没有。为啥呢？那时我认为艺海浮沉，人心难测。当时艺人，特别是剧团的演员，很多是朝秦暮楚的，所以，我开始的时候不是这样。

后来同她一接触，觉得这个人很朴实，很有个性。诚实到什么程度呢？就是李準后来说她的那句话，你想叫她说瞎话，教给她她也不会。她这个人清澈见底，老实得可爱。干什么事不掺一点假，而且确确实实爱憎分明。别说她是一个女的，就是个男的，这个朋友也是可交的。

当时，河南有灾，她在西安天天演赈灾戏搞募捐，名气大得很。一次在宝鸡演戏的时候，人家把我介绍给她，见面的时候，也是连头都不点的。后来，她排黄自芳先生写的新戏《鸳鸯梦》，也就是《孔雀东南飞》，让她扮演刘兰芝，唱词多，不易理解。黄先生让我给她念。念后，我对戏还有一番见解，她便对我有了很好的印象，觉得这个青年还很不错。

我们在旧社会结合是相当难的，仅见面就很不容易。新中国成立前，我们俩人没有一同逛过马路、看过电影。为什么？因为西安有很多人认识她，好多军阀、政客都喜欢看她的戏，追求她的人不计其数。从她十几岁成名开始，追求她的是工农商学兵，什么人都有。这朵花儿最终落在谁手，那是众目睽睽呀。所以，象因为有牙主贵，麝因为有香遭殃。“匹夫无罪，怀璧其罪也”，就是说，老百姓没有罪，有罪的是他有了这块宝玉啊。那时，我因有了常香玉，我就成了众矢之的。在旧社会，就是这个情况。

笔　者： 您为了追求恋爱自由和婚姻自主，期间的感情经历无疑是刻骨铭心的，所以您在改编创作剧本时以情见长，如《拷红》、《断桥》等，是不是这样？

陈宪章： 戏就是写情的嘛！没有情不中。一出戏，主要是写情。写情就是写人物的悲欢离合，写人物的遭遇和性格冲突。我在《漫漫从艺路》这篇文章中，曾提到“精心写人写情”。写情，不仅是写那些花前月下一见钟情的“情”，还要写骨肉之情、爱国之情、人间真情。一部戏，之所以感人至深，情也。在我改编的剧本中，不仅有《拷红》、《断桥》、《大祭桩》，同样还有《花木兰》、《破洪州》、《五世请缨》。

有些事情是这样，看似平常，实际上有很多哲理在里面。你说爱情对自己的性格有没有磨炼？有磨炼。职业、环境对自己的性格有没有磨炼？有磨炼。矛盾是无所不在的。我在家里跟香玉配合，我都尽量把矛盾引到我这里。家家都有一本难念的经。这个家的经可不是好念的。

有一次，我那二女儿，这边要上台哩，那边她抱住腿不让香玉上，你想她的心情会好吗？那边马上要进入角色了，她演莺莺她要进入莺莺的角色，她演红娘她要进入红娘的角色，还没上场就抱住腿了，这怎么能行！所以，从此以后我们的孩子一律不准进入后台，起码让她有个回旋的时间。

如果她在家休息，那我就在大门口或楼底下读书看报，保证她的午睡，谁来了，我招呼，有啥事找我，孩子们放学回来找我。我把这些事情揽了，让她集中睡两个小时的觉，她下午演戏就精力充沛了。戏演好了，皆大欢喜。她这个职业有这个职业的特殊性，她必须上场时精力充沛。观众不管你多大年龄，你说我 80 啦，80 也不行。社会上很少知道演员的特殊性，很少人理解。特别是主演，人家都可以有病，她不能有病，你说我今天发烧 38℃，发烧 39℃也不行。

有一次在南京，她发烧 39℃，那些买票的人就站在那儿不走啦！甚至提出来要见见面中不中？

有一次在北京演出几个月刚回来，到荥阳还要场场演出，发烧 39℃。观众一听说她烧 39℃，就说你们给她搞个躺椅到台上，俺见见面行不行？俺跑了一二百里地来了。所以，她这个工作需要家里人的帮助，需要剧团的帮助，需要人的关心和支持！剧团里我是负责人，家庭里我是负责人，所以，他们都说，孩子都跟我很亲，说我是亦父亦母。为什么呢？减轻她一些负担，让她一心搞艺术，并且，我甘愿这样做。

笔　者： 您在你们结婚 50 周年之际，曾写有“金婚二题”：

（一）

妇唱夫随五十年，酸甜苦辣同悲欢。

谁说艺海知己少，我有梨园夫人贤。

十年浩劫两不死，千金难买一片田。
晚霞满天情益暖，共祈百岁舞蹁跹。

（二）

比翼双飞江湖游，无悔无恨不知愁。
大把黄金买别离，一锅红薯争稀稠。
惠风又荣连根草，暴雨难覆同心舟。
愿作百年鸳鸯鸟，好与祖国共风流。

这里面，“一锅红薯争稀稠”是什么意思？

陈宪章： 指1947年我被胡宗南以地下党嫌疑逮捕入狱，香玉为了营救我倾家荡产，最后把首饰都卖了。小女儿们为了争吃红薯稀饭，我稀了你稠了争闹不止。

三、两句三年得，一吟双泪流

笔　者： 您终生献身艺术，热爱文化，一方面您在张扬着自己的才华，一方面又甘愿默默无闻，这是为什么？

陈宪章： 对艺术就应该有这种献身精神。在事业上，在工作质量上要争，我要力争成为最好的，要比别人完成得好。如果自己没有能力，那是另一回事。工作完成得出色了，那是通过自己的努力。说到默默无闻，这倒是我真心的。比如说，1959年毛主席写信给周总理，推荐《破洪州》，这个剧本是我搞的。在当时我起码该红一时吧，可人家都不知道我，但我还是很高兴，很欣慰。

笔　者： 您年轻时血气方刚，为情，你一次出走，一次私奔，最后与常香玉结为终身伴侣。这一切您都义无反顾，以您的话叫做“有丈夫气”，可到最后反而似乎没有棱角了，这是不是做人的悲剧？

陈宪章： 是没有棱角了，我现在早就没有棱角了。自从认识了香玉，我就没有棱角了，一方面是为了生活，最重要的是为了她的安全。在这之前，我有。在学校我当演出队队长、篮球队队长，是学校的风云人物。私奔是大棱角，遭到了通缉，通缉是有生命危险的啊，要按军法处治的。那时是初生牛犊不怕虎，你越硬我越碰。再说，没有棱角就不敢走近常香玉。为了她，我情愿不干那个官。

笔　者： 您说您有丈夫气，那么在以后的岁月里，这种气质是怎样体现的？

陈宪章： 你们提的这些问题，有些我考虑到了，有些没想到。我认为人生是一个过程，也是一个改造的过程，你作为群体中人、社会中人，在很多方面，你必须自我约束、自我教育、顾全大局，你必须适应你所处的时代。你的作品也是要反复多次的，你是文学家，你的文章也需要修修改改，千锤百炼，何况我一个普通人呢？

另外，人生是个变数，随着时代而变，随着社会而变。人生活在这个社会上，既受传统影响，又受现实影响。如，现在我们搞市场经济，就有很多人为钱而奔波。有些人呢，想洁身自好，但洁身自好也是有条件的，要受好多限制，妻儿老小要吃饭，我先解决这个，再说别的。而有些人，就甘愿安贫守贱。我不讲吃穿，我不讲非分，但我的事业要考虑。这里面都有许多变数的，人生都是慢慢走过来的，由不成熟到成熟。

如果说从前我有丈夫气，"文革"我就没有了丈夫气，这是很实在的话。有人一提改造，就反感，我不反感，我觉得自己需要改造。那时候学习主席的《矛盾论》、《实践论》，确实使自己长本事不少。

笔　者： "两句三年得，一吟双泪流。"您对贾岛这句诗是如何理解的？哪一出戏您体会最深，改得最苦？

陈宪章： 搞创作这一行，体现执著追求，就得有这种"两句三年得，一吟双泪流"的精神，甚至两句三年还得不到。就说"红娘"这出戏吧，我和香玉可以说是生生死死，经历过无数次苦难，能够真心实意地同甘共苦。有了这种种经验，所以在写《拷红》这出戏的时候，就倾注了自己的感情。

笔　者： 您这一生爱不爱流泪？

陈宪章： 能不流泪吗？她那时有时冷冰冰的，我也流过泪。我很相信她，大家连约会的机会都没有。在热恋的时候，她让我在某一个地方等，有时等一个钟头不见人影，能不流泪？后来她给我说，我故意试试你。所以，在那个年代，要婚姻自由，多么需要像红娘那样的古道热肠啊！可惜，我们没有。人嘛，不喜欢不要紧，一旦喜欢，不得了。那样情况下，又没有一个穿针引线的红娘，是很苦的啊！

红娘为啥要热心肠？这代表了我自己的心情。那时候没有人能出来为我们说几句仗义之言，我们的恋爱结婚一直都是偷着的，真希望大家都有一个美满的归宿。像我第一次结婚，十几岁，包办婚姻，没有感情，连话都不说，人家受委屈，我也一样。第二个呢，冒很大风险私奔，学了司马相如与卓文君，但后来有变化了，她想上学，我看出不同道了，慢慢地双方都淡了。感触最深的还是和香玉，不知多少天才见一次面、说一次话……所以，写情戏，怎么会没有自己的感触呢？

写什么东西，不把自己摆进去，你就感动不了观众啊！

笔　者： 田汉先生曾说过“十年磨一戏”，您对此最深刻的体会是什么？

陈宪章： “红娘”从王镇南开始，到现在已经有 50 多年了，直到 1988 年我还在改，目前仍不满意。你问改了多少次？无法估计，大改小改，不计其数。

笔　者： 在古典戏曲中，您最喜欢谁的呢？

陈宪章： 古典剧本数量是很大的，大多都是浏览，并未细读，只有王实甫的《西厢记》、关汉卿的《窦娥冤》我比较偏爱，主题鲜明，情节动人，人物性格突出，文词优美，像《西厢记》的“碧云天，黄花地，西风紧，北雁南飞。晓来谁染霜林醉？总是离人泪”。这些真是情景交融的好词，也是现实主义和浪漫主义相结合的好例子，几十年了我至今还能背诵。

四、愿作百年鸳鸯鸟，好与祖国共风流

笔　者： 据说您从新中国成立初期就开始订阅《人民日报》，至今未曾中断。可以说，您是《人民日报》最忠实的读者之一了。

陈宪章： 从 1950 年有了《人民日报》开始，我就开始读，那时我在西安，直到今天，我也未曾停止订阅过，我已经坚持了 45 年。这使我一解放就得到了学习党报的机会，才使我的思想跟上了时代。这里我有切身的感受。新中国成立后，咱们的国家非常安定，可以说是夜不闭户，社会安定，人民安定。解放军到剧团从不干扰，而国民党的军队在剧团里打砸抢啊！咱们解放军呢，要看戏，就买票，这是给我的第一个好印象。当时解放军还给我们送去毛主席《在延安文艺座谈会上的讲话》，那时就觉得新中国新社会好。

后来逐渐有了报纸了，我就开始注意读报纸，从报纸上找答案。为什么这个国家治理得这么好，为什么这个国家这么安定？既长了知识，又知道了国家的方针政策。抗美援朝期间，香玉提出要为志愿军捐献战斗机，也是看了《人民日报》才萌发这个念头的。

在捐机演出中，我姐夫私自拿了 2000 块钱，我当时就把他送公安局了。我姐痛苦极了，我就这一个姐。后来，姐夫判了 10 年徒刑，送到监狱就再也没有回来，最后死到新疆了。因为啥，他拿的是抗美援朝的钱。我为什么把他送到公安局呢？那时候有两个原因：一是这件事太令人气愤，再一个就是我在剧社当副社长，实际上是社长，做领导工作的，你

自身不正，怎么要求别人正！

1956 年回河南以后，我就开始订《河南日报》，至今也没有间断过。我在 1980 年写过一个农村改革实行联产承包责任制的现代戏《柳河湾》，就是受《河南日报》上的一篇小说的启发而创作的。现在不能写了，但是还能看。看书我认为是一种快乐，特别是那些很好的古诗词，我更喜爱。

笔　者：您现在还经常读些古诗词？

陈宪章：我特别喜爱古诗词。所以我写《七律》，他们说你的“七律”写得不错呀。最近我看了一本郑板桥诗画的摘抄，有几首诗我都会背了。郑板桥这个人很有节操，很有骨气。人要得有点节操，有点骨气。现在很多人贪污、受贿，很乏味儿啊！

笔　者：1992 年 6 月，在您的剧作研讨会上，与会专家对您做出了很高评价。大家公认，您对河南豫剧的发展功不可没，对常派艺术的发展做出了杰出贡献，是人民的剧作家，戏剧革新家。您的最高职称是……

陈宪章：没职称，我没有职称！

笔　者：您不是一级剧作家么？

陈宪章：我不是！我什么都不是！

笔　者：那么 1993 年中国戏曲出版社出版的《豫剧总汇》里面就写道您是一级编剧，是怎么回事？

陈宪章：我是一级我都不知道，那我回去查查。我这一生能为人民做点事情，给人们带来一点快乐，比什么都重要，名利还是要看得淡一些。

今年春天我有病住院，出院时老常去接我，我写了一首诗：

病后归来身半残，
和风碧草舞庭前。
可怜老妻多情甚，
满园春色接我还。

这就是真挚的感情。现在心情舒畅，觉得大环境小环境都好，改革开放好。和风碧草嘛，说的就是大环境。

（李毓梅）

魏巍简历：

魏巍，原名魏鸿杰，曾用笔名红杨树，1920 年 1 月生于郑州，是我国著名作家和诗人。他的主要作品有：散文集《谁是最可爱的人》、《幸福的花为勇士而开》、《壮行集》、《魏巍散文选》和《魏巍杂文集》等，还有诗集《两年》、《黎明风景》、《不断集》、《红叶集》和《魏巍诗选》等，长篇小说《东方》获首届茅盾文学奖、首届中国人民解放军文艺奖和人民文学奖，长篇小说《地球的红飘带》荣获“人生的路标”奖。此外，他还参加了歌剧《打击侵略者》、中篇小说《长空怒风》、电影剧本《红色的风暴》和《邓中夏传》、音乐舞蹈史诗《东方红》等作品的创作工作。大家最为熟悉的通讯《谁是最可爱的人》受到全国人民的高度评价。2008 年 8 月在北京去世，享年 89 岁。

魏巍：最可爱的人

为了找到写作魏巍先生的真实感觉，我在 1995 年岁末，冒着严寒，迎着风雪，怀着一颗急切热望的心，乘火车跨过了往日梦中那碧绿的鸭绿江，踏上了朝鲜那片英雄的土地。我要到那里去寻找魏巍的足迹和身影，我要到那里去寻找那永远不散的、激荡在魏巍胸中和笔下的志愿军战士的英魂，我要到那里去寻找 40 年前抗美援朝历史的云和烟。

一闪而过的今天，变成了昨天；一闪而过的昨天，变成了历史。历史的沧桑风云凝聚在、浓缩在千千万万个相册里、图片中。今天，我就从中采撷几朵令人浮想联翩的浪花，让我们的回忆连同您的心一同跳跃，让我们走进广角镜，让我们走进历史。

一、跨过鸭绿江

1995 年 12 月。在去朝鲜的列车上，一位年近 70 岁的老人静静地坐

1996年5月10日，在北京八宝山，作者蒋晔与魏巍在一起，共同送别艾青诗人。

在紧靠窗户的位置上。他侧身望外，一言不发，目不转睛地注视着窗外那飞驰而过的朝鲜村庄和在冰上嬉戏的儿童。

他那种沉思的、回忆往事般的神情，明确地告诉我：这位老人，很有可能是当年跨过鸭绿江的志愿军战士！

这位与众不同的老人吸引了我。我怀着好奇的心情向他走去，悄悄坐在他的身旁。过了一会儿，老人转过身来，我问："老先生，您是第一次到朝鲜吗？"

老人说："这是第二次啦！抗美援朝那阵子，我来过一次。"

"请问老先生，抗美援朝时，您多大年龄？""噢，我才18岁。我是1951年入朝的，当时是徒步过江，就像这张照片。"他指指我手里的一张照片，这张照片的内容正是志愿军雄纠纠气昂昂徒步跨过鸭绿江时的情景。他又继续说，"我们步行20多天赶到前线。后来，我的战友大多牺牲了，他们的遗体都安葬在朝鲜了。我是一个幸运者。那场战争虽然过去几十年了，但是，我老是想回来看一看，这是我的一桩心事。今天，终于如愿以偿了！"

"老先生，您知道大作家魏巍吗？"

老人说："怎么不知道！我们这一代人，我们志愿军战士，很少有人不知道魏巍的。《谁是最可爱的人》就是他写的，当时影响大极了！我们这些老战士，都记得魏巍，他的知名度，可以说不亚于黄继光、邱少云、罗盛教、杨根思。"

我为这句普普通通的话所震动，我为这句普普通通的话而高兴。一个作家能够如此长时间地活在人民心中，被人民所眷念，难道不是一个作家最大的成功、最大的欣慰吗？

后来，我在北京采访魏巍先生时，曾问他：“《谁是最可爱的人》这篇著名通讯的题目，大家都特别喜欢。这个题目朴实、热烈、真诚，说出了全国人民的心里话，看了很过瘾。当时您是怎样想出来的？”

魏巍：“这个题目不是硬想出来的，而是从心里自然而然地流淌出来的。1950 年 10 月 25 日，志愿军开始赴朝作战。一个月后，我被派往朝鲜，到俘虏营调查美军政治情况。当时没有写作的任务。调查结束后，我特别想到前方看看，随后就进入了汉城，对志愿军战士进行战地采访。采访越深入，越是被战士们那种英雄主义精神深深打动，于是就来了创作激情，不写不行，不写难受。就这样，写成了《谁是最可爱的人》等一批来自朝鲜的通讯。

‘谁是最可爱的人’这个主题，是我很久以来就在脑子里翻腾的一个主题。我在部队的时间很长，从 1937 年到今天，已经是 58 年了，所以对战士们有一种特殊的感情，总觉得我们的战士是最可爱的人。每当我和战士们坐在一起的时候，不知道为什么，满心眼儿高兴。

我到朝鲜采访志愿军，这种感情更加深了一层，更觉得战士们可爱。战争是那样残酷，条件是那样艰苦，任务又是那样艰巨，我们的战士却是那样的英勇顽强，比起我在抗日战争、解放战争时期所经历过的，还要出色。尤其是那种英雄主义的普遍性，更是空前的。比如：我在某步兵团了解到一个数字，到朝鲜第三次战役结束时，这个团的伤员随队作战的，比送到医院疗养的还要多。这种情况在世界战争史上是罕见的。这些事迹激励着我，使我有一种强烈的愿望去表现‘谁是最可爱的人’这一主题。

我们的战士为什么那么英勇呢？为什么就硬是不怕死呢？为了找到答案，我开了好多座谈会，让大家掏心里话。谈来谈去，归结到一点，最根本的还是对我们新中国的无比热爱，对‘抗美援朝、保家卫国’这八个字的完全理解，还有对朝鲜人民的深切同情。我觉得这是最本质的东西，这是我们的战士英勇无畏的最基本的动力。我肯定了这一点，就紧紧抓住这一点，写成了《谁是最可爱的人》。”

和我们一同赴朝的那位志愿军老战士说：“《谁是最可爱的人》这篇文章影响了整个 20 世纪 50 年代，‘最可爱的人’成为那个时代最流行的词语。当时我们在前方打仗，祖国人民送给我们的慰问品上，用得最多的词汇就是‘赠给最可爱的人’。我那时用的茶缸上就有这些字。”

每一个时代，都有每一个时代最可爱的人。最可爱的人就是这个时代跳动的心脏。我不禁要提出这么一个问题：20 世纪 90 年代的中国，谁又是最可爱的人？

当我的视线集中到魏巍先生的文稿手迹上时，我马上想到，这些珍贵的手迹，不正是描绘抗美援朝宏伟画卷的《东方》的诞生地吗？这些写满了密密麻麻汉字的稿纸，不正是著名长篇小说《东方》的产房吗？经过魏巍先生 22 个春夏秋冬的呕心沥血，近百万字的《东方》终于攀登上了中国长篇小说的最高峰——茅盾文学奖。我问魏巍先生："您为什么要创作《东方》？"

魏巍说："我从朝鲜前线回来后，写了不少通讯，但总感到光写几篇文章，不足以表达我的心情，抗美援朝这么宏大的历史还远远没有表现出来，于是就想着写一部长篇。1953 年开始构思，先到长辛店二七工厂、后到冀中农村深入生活，掌握抗美援朝后方的素材。1958 年，志愿军从朝鲜凯旋回国，我第三次到了朝鲜，目睹了这一历史性的动人场面。1959 年，我开始动笔。到 1966 年，断断续续写了 40 多万字。'文革' 10 年，创作中断了 8 年。到了 1974 年，才又拾起笔来，在极其困难的情况下写作后半部分，终于在 1975 年 10 月份完成初稿。我把这部小说定名为《东方》，意思是说：我们中国人民和朝鲜人民已经站起来了。今天的东方，永远不再是昨天的、任人宰割的东方了！"

二、长征是我心中的诗

站在 1949 年 10 月 1 日这一天往前看，您就会发现：我们新中国诞生的圣地是延安，我们新中国诞生的摇篮正是二万五千里长征！长征孕育了我们所熟知的 10 大元帅中的 9 人、10 名大将中的 8 人、57 名上将中的 48 人、177 名中将中的 157 人。长征的艰苦卓绝，孕育了共产党的领导核心，这个核心正是新中国的缔造者。长征，是新中国的真正曙光。正如伟大的文学家、思想家鲁迅在祝贺红军长征胜利的电文中所说："在你们的身上，寄托着中国与人类的希望。"1996 年是长征胜利 60 周年纪念年，我们用什么来纪念这座世纪的丰碑呢？为此，我又读起了魏巍的《地球的红飘带》。

我问魏巍："您为什么用'地球的红飘带'这个极富想像力的浪漫的词语，来形容那千难万险的长征？"

魏巍讲："1939 年初，我从延安抗大毕业后，被分配到晋察冀边区工

魏巍（左）和姚雪垠合影。

作。幸运的是，我被分到了老红军团——红一团。这个团在长征中非常有名，在安顺场首先突破大渡河的就是红一团。我从老红军那儿，知道了很多有关长征的故事，那些故事一直珍藏在我的心里。可以讲，从那时起我就想写长征了，想了40多年。为什么时隔几十年才写？原因是：这个题材太大了，我怕驾驭不了。到了晚年，再不写就写不成了。于是就在1985年开始动笔，用了两年才写完。这部长篇完成时，我都67岁了。

《地球的红飘带》这个名字是有讲究的。我觉得‘地球的红飘带’是一个很好的、很有气魄的艺术形象。我们的长征，走了二万五千里，这个距离相当于跨过了半个地球，这是人类历史上独一无二的远征史诗。在长征中，为了民族的解放、人民的幸福和远大的共产主义理想，我们共产党人表现出来的那种大无畏的英雄气概和高尚品质，可以讲，已经达到了人类的精神顶点。所以，我说只有‘地球的红飘带’才最能形容我们的长征战士。

有人把这个书名念错，念成了《地球上的红飘带》，多加了一个‘上’字，这就不对了。有没有‘上’字，其意义可大不一样啊！地球‘上’的红飘带太多了，何止千万条。而‘地球的红飘带’就只有一条，那就是举世无双的长征。作家端木蕻良曾经谈过一个观点，我很赞赏。他说，中华民族有两个‘万’是世界上其他民族没有的，这两个‘万’是：万里长城和万里长征。这是中国人民献给世界的最宝贵的精神财富，我们应当好好珍惜。”

谈到这里，我话锋一转：“您写万里长征，与其说是写60年前的历史，倒不如说是把60年前的历史写进今天的现实。我在读这部长篇的时候，总觉得您想长长地抒发一种情绪，您想用彪炳千秋的历史画卷，去启迪当代更多的精神内涵。”

话音未落，只见魏巍先生的脸上布满了愁云，他的眼神顿时变得忧虑起来，他的语气顿时变得沉重起来。这种陡然变化的情绪感染了笔者，我迅速拿起照相机，抓拍了这个瞬间。

魏巍真诚而又沉重地对我说：“我写长征，看上去写的是历史，其实写的是现实。我就是要告诉人们，我们党原来是什么样子，我们今天的党应该是什么样子。我就是要歌颂长征中的共产党人，我就是要歌颂长征中的英雄主义。长征对年轻人来讲，似乎已经很遥远。但是，长征作为中国人民壮丽的诗篇，作为人类英雄的赞歌，是永远不会被人们忘记的。长征影响了20世纪中国的历史，长征精神是我们民族的自豪。也正是这个原因，美国记者斯诺早在1936年就冒着生命危险，进入陕北根据地采访长征，写出了轰动世界的《西行漫记》。1984年，75岁高龄的美国作家哈里森·索尔兹伯里来我们中国，沿着红军长征的路线进行实地采访，写出了《长征——前所未闻的故事》，称赞长征是‘人类有文字记载以来最令人振奋的大无畏事迹’。

可惜的是、令人气愤的是，我们今天有不少人，忘记了我们党的这段历史，丢掉了我们党的优良传统，很不像话。一些干部、党员追求的是权力、地位和金钱，把个人利益凌驾于党组织之上，凌驾于人民之上，腐化堕落。比如党风不正和腐败问题，现在大家都承认有这个东西，依我看就现在腐败的广度和深度来说，已经很惊人了，已经到了极端严重的地步了。新中国成立初期，党内出了个刘青山、张子善，我们党很快就把这个问题解决了。这以后的几十年中，我们的党风是很好的，没有严重的腐败问题。可是今天呢？就北京的王宝森来说，他就比刘青山、张子善厉害得多了！这种事情可是不得了啊！我常常想，我们为什么搞革命，还不就是要反对国民党的腐败吗？‘腐败’这两个字，从来就是和国民党反动派联系在一起的，和我们共产党的理想没有关系啊！今天的腐败现象，离人民的愿望，离我们革命者的愿望，差得太远了。非要痛下决心加以根除不可。我相信，我们的党中央一定能领导全国人民打倒腐败。”

魏巍先生略微缓了一下激愤的情绪，接着说：“一个民族要振兴，必须拥有伟大的目标和崇高的理想。一味追求金钱、追求享乐的人，不可能成

魏巍 1997 年所写“勿忘旧耻，迎接明天”，以祝贺香港回归。

为时代的英雄。只要给钱就有动力的人，这个动力能持久吗？这种动力能有最大的创造力吗？那是不可能的。在当今时代，我们不能倡导金钱至上和享乐主义，否则的话，谁还去打仗保卫祖国，谁还去助人为乐办好事？谁还去跳到水里救孩子？你们看现在一些电视剧演的都是什么？演的不是吃喝玩乐，就是暴力凶杀，还有一些色情的镜头。用这些东西去培养人、教育人，怎么能培养出有道德、有理想、有所作为的年轻一代呢？天天演这些东西，是不行的！这是在潜移默化地培养享乐主义的吃喝玩乐人生观哪！这怎么能激发人们艰苦奋斗、自力更生、全心全意为人民服务的思想？提起‘为人民服务’，这个词汇倒变得新鲜起来了，我们现在提倡得太少了。学习雷锋也不大提了，倒弄出个新词‘志愿者’。‘志愿者’是啥意思？既不通俗，也没有学习雷锋的含义深啊！更奇怪的是，我们党搞革命为的就是工农大众，可是，时到今天，我们一些工人和农民的孩子，越来越上不起学了！这不就是很大的事情吗！这不就成了印度电影里的一句话‘当官的儿子当大官’吗！有人讲：现在老老实实干，吃不开了。谁老老实实干，谁吃亏，啥也轮不着。我倒想问问：不老老实实干，还怎么干！长此下去，不行啊！老老实实干的人吃亏，国家就没有希望。浮夸风就是那些不老实的人干的事。我们河南历史上灾难深重，发展到今天不容易啊！一定要实事求是，不要急功近利，不要搞浮夸。”

三、作家要爱憎分明

我告诉魏巍先生：“我们已经独家采访了几十位文化界知名人士。在采访中，我发现许多文化名人的寓所里悬挂的艺术品，大多是以山水景物和植物、动物等自然界的生灵为主要内容的。而您却与众不同，竟在客厅中央高高悬挂一幅《驱邪图》，画中人物是钟馗。这是为什么？”

魏巍说：“挂这幅画就是为了祛邪。这幅画上有一首诗：

扶正能为四海振，
祛邪敢叫九州清。
志为天下降邪恶，
意在人间保太平。

我喜欢这幅画，我喜欢钟馗这个不怕鬼、要打鬼的英雄。我们今天更应当扶正祛邪，一身正气。

我认为，作为一个作家，爱憎分明很重要。伟大的作家，他们的作品为什么具有一种震撼人心的力量，其根本原因就在于他们有强烈的爱憎。所谓爱憎，就是热爱人民，憎恨敌人；就是热爱革命，憎恨反动；就是热爱新生的东西，憎恨腐朽的东西。有了爱憎分明的态度，才能更深入地观察生活，才能使作品有强大的力量，不至于成为一杯薄酒。所以我说，一个作家爱就要爱个死，恨就要恨个透。

你们想过没有，人们为什么老是怀念50年代，早年参加革命的同志为什么老是怀念延安？这里面的原因要好好思考。在抗日战争时期，延安有什么？生活上非常艰难。但是，延安有的是革命的信仰，有的是我们民族的希望！正是这样，延安聚集了成千上万个优秀儿女，他们为人民的幸福、民族的解放而奋斗。那个时候啊，延安整天是歌声，真是朝气蓬勃啊！我当年在抗大学习，最爱唱的就是我们的校歌。”

说到动情处，魏巍打着微微的手势，轻轻地哼起《抗大校歌》：

黄河之滨，
集合着一群中华民族优秀的子孙，
人类解放，

救国责任，
全靠我们自己来担承……

他继续讲：“有人说，50年代、延安时期早就过去了，早就过时了，怀念那个时代，就是怀旧。我要告诉这些人：现在出现的很多事情，恰恰不是新生事物，而是陈旧腐朽的东西，恰恰正是我们共产党人坚决反对的。人们怀念50年代、怀念延安，根本就不是怀旧，而是怀新！”

我问：“为了写您这篇文章，我又看了一遍毛主席的《在延安文艺座谈会上的讲话》。这个讲话谈得太好了，虽然离今天已是半个世纪了，但仍然具有重要的现实意义。”

魏巍说：“是这样。毛主席的这个讲话影响了几代人，我这几十年的创作经历也证明主席讲的是对的。文学是生活的反映，是生活的艺术反映，没有生活就没有艺术，也就更没有文学了。这一点，什么时候都是正确的。这个观点在我们这一代多数作家的头脑中，是根深蒂固的，是不大容易被动摇的。直到现在，我还是喜欢那些生活气息很浓厚的作品，哪怕技巧上稍差些。当然，艺术技巧上高一些，就更好了。相比之下，一些作品技巧上还不错，但里面看不出有多少生活，甚至胡编乱造，这样的东西我不喜欢看，也不愿浪费时间，因为你从中得不到什么好处嘛。所以，我还是希望作品的生活底子扎实些。

作家是运用语言的画家，应当像画家那样去写生，对生活无知，那是不行的。我感到，对于作家，最珍贵的东西，就是那些直接的、第一手材料，亲身经历最重要。凡有亲身经历的机会，一定要去亲临其境。听别人说的东西很容易忘掉，只有自己看到的、思考过的，才会在脑海中留下深深的烙印。我这辈子一直坚持：只有我信得过的生活我才写，我根本不相信的、怀疑的，就不写；要写自己感动的东西，自己不感动，写了出来要感动别人，那是不可能的。只有忠实于生活，作品才能有较强的生命力。艺术的真实，是以生活的真实为基础的，没有生活的真实，也就谈不上什么艺术的真实。文艺创作我看只能是‘有中生无’而不能‘无中生有’。所以，我常说：当你研究生活的时候，要有最大的老实；当你写作的时候，要有最大的‘不老实’。这个‘不老实’，就是指要让艺术的畅想飞起来……”

我抬头望望窗外，只见远处那连绵起伏、郁郁葱葱的北京西山，正映照在夕阳的余辉之中，真是“满目青川夕照明”！我见天色将晚，就起身告辞。谈兴尚浓的、令人尊敬的魏巍先生一直把我送到庭院的大门口，并用未改的乡音道别，他目送着，直到我的身影融进暮色苍茫之中……

柏杨简历：

柏杨，原名郭衣洞，1920 年 3 月生，河南省辉县人，台湾著名作家。主要著作有：杂文集《倚梦闲话》系列、《西窗随笔》系列、《柏杨专栏》系列，小说集《打翻铅字架》、《莎罗冷》、《天涯故事》、《旷野》等，历史著作《中国人史纲》、《中国帝王皇后亲王公主世系录》、《中国历史年表》、《帝王之死》、《皇后之死》，诗歌《柏杨诗抄》，并释译《资治通鉴》。2008 年 4 月去世，享年 88 岁。

柏杨：带箭奋飞的鸿

一、缘的热力

1997 年 2 月 20 日，我给台湾的柏杨先生写了一封信，表达了对先生深深的敬意："我在大陆拜读了由您口述、周碧瑟女士执笔的《柏杨回忆录》，对您处世独立的精神以及您对中国文化的痴迷、执著而万分感佩！"我还告知他，希望我 3 月初到台北时，能够采访他。

3 月 6 日，我在台北见到柏杨夫妇，是在河南同乡会为我们准备的午宴上。下午 2 点多钟，柏杨的夫人、台湾著名诗人张香华女士要到台北警广电台制作她主持的《诗的小语》节目，先行告别。目送张香华女士开车远去，我再次向柏杨先生提到了他的那本自传。我说："看到您一生遭遇到那么多坎坷和不幸，令人唏嘘不止，有很多次读着读着就读不下去了……今天见到香华老师，我感到了她在您生活中的分量。"柏杨先生拄杖深思后，缓缓地说："我从小没有母亲，性格上受到很大影响。因此，我非常需要异性的温暖。我是出狱后的第二年，也就是 1978 年 2 月 4 日和香华结婚的。香华是一个智慧型和包容性很强的女性。20 年来，我们不但是夫妻，而且是朋友。我生命中累积下来数不清的创伤，是香华终于使我安静下来。我有幸娶到她，是上帝赐给我的恩典。”

柏杨，在景美监狱和台湾东部一个叫火烧岛的蛮荒之地，被囚禁了9年零26天之后，1977年4月1日再次踏进台北这座城市时，已经是妻离子散，物是人非。

柏杨说，他是在朋友做东的一次聚会上，认识了诗人张香华。当他听到张香华的名字时，忽然呆住了。在那一刹那，他感觉到了“缘的热力”。原来他在火烧岛囚禁时，曾看到一首诗，其中有这样一句：

可以听到地下种子抽芽的声音！

柏杨感觉到这是一种很玄妙的宁静。诗人心灵上如果没有某种同大自然相近的频率，是写不出这种诗句的。

那首诗的作者就是张香华。

张香华，这位在诗的世界里把一切都淡化、都美化、都升华的纯真女性，并没有在那次聚会上让人生的机缘擦肩而过。她对我说：“那位做东的朋友是位书法家，也是你们河南人，叫史紫忱。那天我心里想，今天晚上吃饭的人中有一个叫柏杨啊，他文笔一向那么锋利，又坐过9年多‘政治牢’，一定是位手持钢刀、吞吐利剑、厉害得不得了的人物。最后看到人时，反而蛮意外的。他的气质文静、举止温文尔雅。”

香华女士接着侃侃而谈：“后来，更令我意想不到的是，我从来没有见到过像他那么真诚待人的人。他在牢里关了那么久，一出来仍有那么大的热情来爱别人，关心别人，照顾别人。比如说，看到别人遭遇困难，他总是自告奋勇地表示：‘我帮你想个办法！’一次，冒着隆冬的寒风，他为给一位刚成家的年轻朋友谋职，四处奔走。那天，他忘了戴他平日少不了的护膝（他的右膝在狱中致残，一块突出的骨头无情而刺眼），碰巧他去的一座大厦里的电梯又坏了。他抚着伤残的右膝爬上6楼，找到了人，谈妥了朋友的工作，然后迎着刺骨的寒风，在酸痛难当的呻吟中回家。我觉得在外面这个世界，人都蛮冷漠的，反而刚从牢里出来的他还有那么一种精神。我直觉地感到，这样一个人，如果社会不能接纳他，那就是这个社会有病。

另外，我觉得他做事好有效率。认识他的那天晚上，大概与他相识不到12个小时，我就接到了他的信。我就发现这个人效率好高呀！

他谈问题也与众不同。我发现很多人在很多场合，都在展示自己，谈话的主题永远都是围绕着自己，讲来讲去都是讲自己。他是我看到的

陪伴柏杨10年的泰国猫咪熊熊。

少数能够关心别人的人。许多场合，他能够谈有关社会、国家的很多问题，但很少谈自己怎么辛苦、怎么坐牢。这不是他忌讳，而是因为他关心的是更重要的事情。

他这一生都在工作，是一个每天工作量都很大的人。我们每一次会面，他总是随身携带着稿件，利用等候的片刻，不停地修改校对。他的这些特质给我的印象是蛮深的。我领悟到这个人是不能错过的。他的速度太快、效率太高，他不会在你的面前再三徘徊。

以后有很多人问我，你为什么没有担心跟这样的人生活在一起有困难呢？你当时为什么不害怕呢？我说，我好像不知道要担心什么，怕什么。我想，这样的人要是还奋斗不出一条路子的话，那可真是天要绝他！我没有担心他现在有什么东西，或没有什么东西，我觉得他有着比你现在看到的东西更可贵的东西，有一种潜在的东西。如果跟这样的人同行，你会很有精神，相携而走的路不会是一条虚无缥缈的路。"

柏杨在那本自传里曾说："日本作家黄文雄先生曾引用日本的一句谚语，说我是一个看过地狱又回来的人。"柏杨指的是20世纪70年代台湾恐怖时期他差点被枪决。实际上，在口述那本自传的过程中，周碧瑟女士常把笔放下来，对柏杨先生叹息："您的灾难，怎么没完没了？"但柏杨并不认为他是天下最受苦的人。他觉得他的苦难经历，是民族的灾难、时代的灾难。柏杨说："回顾自己70多年走过的风沙滚滚的路，我觉得我比更多的中国人要幸运得多。"

二、我是一个"野生动物"

在台北希尔顿饭店的二楼，柏杨先生坐在沙发上，微笑着对我说："我是一个'野生动物'，从小没有受过什么教育，以后更没有受过完整的教育，这使我成熟得太慢，思想成熟得太晚，以致我回报民族的时间太短，为我们民族做得太少。美国一个叫卡内基的人，原是苏格兰人，穷得不得了，才跑到美国去打工。后来，他成了钢铁大王。他把母亲接到了美国，买了四五辆最豪华的马车，专供母亲享用。母亲却说：'儿呀，你现在很有钱，但是你发财得太晚了，母亲享用不了多少年了。'我思想成熟得晚，对国家、民族做贡献的时间不多了。无论民族好坏，我对她有感情。

由于我的年龄，我常常想到死亡。人不能选择生，也不能选择死，不能选择死的地方，也不能选择死的时间，更不能选择死的方式。当然，自杀除外。但是，人有权力盼望。我盼望我死的时候，是死在我的写字台上。在传统文化中，一个青年登山摔死了，他的家人往往抱怨他不应该登山；一个骑手出了意外，他的家人往往抱怨他不该参加赛马。这当然是出于爱心。我有一天死在写字台上的时候，我不希望家人抱怨我三更半夜起来写稿。我希望我的家人和朋友都能够说柏杨好幸运，他死在他最喜欢的工作上。"

为爱而执笔，是柏杨先生毕生的追求。20世纪50年代，他以写小说成名于台湾文坛。《打翻铅字架》、《凶手》、《挣扎》等短篇小说集，分别对社会丑恶现象，对爱情，对人在命运面前、在社会漩涡中的挣扎等，有着深刻的体验和痛苦的思索。比如在《挣扎》的序言中，柏杨先生写道：

> 没有经过长夜痛哭，不会了解人生；个人的悲剧由于个性，社会的悲剧由于时代；人生真是一个沉重的担子，懦弱的和不幸的会被它压毁，刚强的和幸运的把它拣起来；然而，无论如何，无为的痛苦使人悲哀，人为的痛苦使人愤怒。
>
> 人生最大的悲剧莫过于生活陷于绝境和生命陷于绝望，那是对

人类尊严的一种无情挑战。我常想去探索人生痛苦的第一因，也就是说，我常叩问苍天："人生痛苦的第一因是什么？"那些使人陷于绝境和绝望，而又不准人挣扎，甚至还责备挣扎的人，应受到严厉的谴责。

进入20世纪60年代，柏杨先生在继续写小说的同时，开始了自己最辉煌的"十年杂文"生涯。

柏杨先生原名叫郭衣洞。从1960年5月，他开始以柏杨为笔名，为《自立晚报》写杂文专栏《倚梦闲话》。起初他每天写700字，后来每天1000字，再后来应广大读者的要求，扩大到每天1700字。半年后，他的杂文集《怪马集》出版。

1962年，他的杂文集《玉雕集》、《怪马集》正式引起文坛注意。8月，他的第三部长篇小说《莎罗冷》问世。这是一部爱情悲剧，也是柏杨长篇小说的代表作之一。

1963年，应朋友牛歌先生之邀，他为台北《公论报》撰写《西窗随笔》专栏。这一年，他的《倚梦闲话》专栏里的4本杂文集陆续出版：1月出版了《堡垒集》，4月出版《圣人集》，8月出版《凤凰集》，12月出版《红袖集》。同时，《西窗随笔》专栏里的两本文集《高山滚鼓集》和《道貌岸然集》也出版。一年中，柏杨出版了6本集子，震动了台湾文坛。

1964年，杂文集《前仰后合集》、《神魂颠倒集》先后出版。同年7月，小说集《怒航》问世。

1965年同样是柏杨的杂文丰收年：1月《鬼话连篇集》，3月《大智若愚集》，6月《闻过则怒集》，8月《立正集》，12月《越帮越忙集》。这一年他还出了两本短篇小说集：《秘密》、《古国怪遇记》。

1966年，杂文集《心血来潮集》出版。

1967年，3月杂文集《蛇腰集》出版，6月《剥皮集》出版，3个月后，《西窗随笔》的第10本——《死不认错集》出版。

1968年1月，《牵肠挂肚集》出版。这是柏杨入狱前最后一本杂文集。

1967年到1968年，柏杨还筹办了一个出版机构，即平原出版社。这样，集创作、经营于一身，他一天最多工作达十七八个钟头。

1960年到1968年，是柏杨杂文创作的前期。这一时期，他共创作了21本杂文集，近300万字。柏杨在这21本杂文集中，猛烈抨击了中国封

1984年，柏杨夫妇摄于美国爱荷华公园溪畔，背后一水之隔，即是各国作家所住的“五月花大厦”。

建社会及传统文化，表达了对中华民族的前途、命运的深切忧虑之情。

1968年1月，柏杨因翻译美国连环漫画《大力水手》而遭遇大祸。3月7日，他被捕下狱，后被判刑12年。此时的柏杨蒙冤受辱，受尽摧残，曾一度痛不欲生，绝食21天。经监狱抢救过来之后，他立定意志，要好好生存下去。

1974年4月，柏杨由景美监狱押解到台湾东海岸的一个荒凉小岛，即火烧岛。在狱中，他苦心写作，终于使三部史书陆续问世：《中国人史纲》、《中国帝王皇后亲王公主世系录》、《中国历史年表》。

三部合起来近300万字的鸿篇巨制，是怎样一个字一个字写出来的呢？柏杨回忆说，监狱里没有桌椅，他只能蹲在墙角，或坐在地板上，膝盖上放一块用硬纸糊成的纸板，伛偻着腰写作。夏天，汗流浃背；冬天，背上搭着一床棉毯，手冻僵了，在棉毯里暖一会儿，还继续写。囚室微弱的光线也使他的视力日渐衰退。

1977年4月1日，柏杨出狱。此时的他已是满头华发。

柏杨出狱后不过3个月，从1977年7月9日起，他即开始为《中国时报》撰写专栏杂文。

1978年初，杂文集《活该他喝酪浆》出版。

1979年，杂文集《按牌理出牌》和《大男人沙文主义》出版。

1980年，柏杨的又一历史著作《皇后之死》一、二集和杂文集《早起的虫儿》先后出版。

1982年，《皇后之死》第三集出版。

同年，《柏杨诗抄》即“狱中诗抄”出版。10年后的1992年8月5日，国际桂冠诗人联合协会将该年度“国际桂冠诗人”的光荣称号授予柏杨。

1983年，柏杨立下宏愿，要将《资治通鉴》译成白话文。此后10年，他全身心地投入到这项工作中，又过起了牢狱般的生活。

1984年8月，柏杨夫妇应美国爱荷华大学国际作家写作协会的邀请，来到该大学演讲。柏杨在演讲中着重谈了中国人的丑陋面和劣根性，试图唤起中华民族对自身的反省。

1984年8月，杂文集《丑陋的中国人》出版。

1986年5月，一部收集了柏杨为自己作品所写的各篇序文的集子《带箭怒飞》出版。柏杨的每篇序文，都是一篇精美的散文，其真诚、其率性、其坦荡、其深情尽现其中。

1992年底，《柏杨版资治通鉴》全部释译完。整整10年，柏杨每天早上8时准时坐在书桌前，忙到午夜两点才就寝。十年如一日，他没有假期，没有寒暑。十年间，他总共释译900多万字，校对1800万字（要亲校两遍）。

1993年12月，柏杨到马来西亚访问。《中国报》发行人周宝源先生要柏杨为该报用“信箱”形式写一专栏，由报社把读者信件电传到台北，柏杨则把回信电传回吉隆坡。于是身居台湾的柏杨开始为马来西亚的华人朋友解答人生思想上的困惑。先后共写了54封回信。这些信札亲切睿智，处处透出柏杨的博大爱心。

柏杨曾在这些回信中写道：祝福包括马来西亚，中国的台湾、大陆、香港等在内的华人世界，永享和平，庸人绝迹。

这年，《柏杨版资治通鉴》正式出版，整整72册。柏杨付出了10年的心血，以现代语文译完了司马光的《资治通鉴》。这一成果的意义在于这样一个背景：一方面是《资治通鉴》这样一部倾注司马光毕生心血、凝结民族智慧的不朽之作，需要一代代人持续继承下来；另一方面，随着社会的急速发展和变革，古汉语将日益被后代人视为畏途。柏杨解决了这一矛盾，为中华民族保留下了一份精神财富，使它继续滋润着人们的心灵，成为整个民族不可缺少的营养。

为完成这一历史巨著的释译工作，柏杨倾尽心血，甚至不惜透支自己的生命。从1992年初，柏杨视力急剧下退，不久就无法看报写稿，但释译工作没有中断。早在1988年，柏杨被医生发现心脏动脉阻塞，到1994年4条动脉血管阻塞了3条半。不久，第4条血管也阻塞了90%。他不得不动了一次心脏大手术。1995年，柏杨脊椎第4~5间软骨突出，医生对其再施大手术。脊椎大手术之后，因眼睛微血管出血，他又上了手术台。就在住院、养病的5个多月时间内，他又口述了几十万言的自传。

柏杨从1949年到台湾，粗略地分，他大概是10年小说，10年杂文，10年牢狱，之后是5年专栏，5年专栏之后是10年翻译。柏杨始终不遗余力地为我们的民族做贡献，他比喻自己是只带箭奋飞的鸿！

三、中国人应该作深层反思

在整个一下午的谈话中，柏杨始终没有说自己的伤残病痛，没有说自己心灵上的无数次创伤，他的话题总是离不开我们的国家民族。他不赞成台独，他希望中华民族更好。

柏杨说："我非常热爱我们的民族，但同时我们也应该看到，我们这个民族是一个说谎的民族。我们的民族不诚实，说谎像吃糖一样，这是非常令人忧虑的。中华民族原有很多美德，诚信是其中之一，但是到20世纪快结束时，我们发现所有的诚信都在书本上，这些书本又在书架上。如你要求精益求精，别人就认为你小题大做。德国人就追求精益求精！所以说，我们民族的诚信并没有表现在每个人的行为上。在我们这里，一个说谎的人会受到尊敬，一个说大谎的人会受到更大的尊敬。拆穿谎言的人，也就是说实话的人、正直的人，反而会受到讥笑！一个国家，人民如果没有诚信的品质的话，她就永远也站不起来。

直面真理是一个非常困难的事。人家都叫我老天真，我说这就是我的特点。如果一个漂亮小姐从我身边走过，我也想多看几眼。有人说见怪不怪，其怪自败。而我的观点是，见怪就怪，其怪才败。我真是替我们的民族忧心，我们何时才能赶上美、日、英、法？我们中国人应该作深层反思。

中国几千年以来，一直是个灾难的国家。鲁迅曾称中国社会是'人吃人的社会'，那是真正的肉体上的吞食、灵魂上的吞食。中国传统文化里缺少一种基因的东西，那就是人性的尊严。中国人从内心不尊重别人。

在数千年的封建社会，皇帝不尊重臣民，臣民也不尊重皇帝，只是怕他；丈夫不尊重妻子，妻子也不尊重丈夫，她只靠他吃饭；父亲不尊重儿子，儿子也不尊重父亲，他只是要继承父亲的财产。因为儒家思想的等差文化没有平等观念，使中国人不得不成为势利眼。于是乎，中国人看别人只看到他的财富和社会地位，而看不到对方的尊严，也不知道自己也有尊严。没有尊严的人就不会有诚信!"

1988年，柏杨于离开大陆整整四十年后，重返家园，与夫人一道在长城留影。

正如《柏杨评传》（雷锐著）中所说，透过柏杨的一生和著作，我们看到了作为一个典型的20世纪中国知识分子的人格力度。那种大爱大恨绝不是一般人的爱和恨。它非常深刻，让人永远不会忘记。那是爱到极端的爱，爱得非常真诚、真挚，甚至非常苛刻。正是出于这点，正是源于此泉，柏杨写出了自己丰富多彩的一生，也昭示着旁人后世，应该怎样去掉自己身上的丑陋，走向新岸。

（李毓梅）

赵浩生简历：

赵浩生，1920年11月29日出生在河南息县，美籍华人，著名社会活动家、专栏作家和联合国注册记者，美国著名大学耶鲁大学中国语言文学系教授。抗日战争时期，他加入了中国民族解放先锋队。18岁那年在武汉发表长篇通讯《是种子，不是死尸》。抗战胜利后，他任《中央日报》记者，在重庆成功地采访了国共第二次合作重庆谈判的整个过程，影响甚大。1948年他东渡日本任《东南日报》驻日特派员。1952年到美国留学，后任教于耶鲁大学。1973年，他在中美关系刚刚解冻之际，率先回国省亲、考察了52天，返回美国后大量介绍了新中国的建设成就，新华社《参考消息》为此转发了他的许多观点。他为促进华侨回归和认同祖国大陆、促进中美两国的友好关系起到了筚路蓝缕的开拓作用。自改革开放以来，他更是几十次地往返于美国、日本、中国大陆、台湾和香港之间，为促进中、美、日三国经济、科技、文化交流以及祖国统一做了很多有益的工作。

赵浩生：因为我们还年轻

我和祖国的关系不只是血缘，更是生活、山河、岁月交织积累起来的全部人生。

——赵浩生

1996年，刚刚当上外祖父的赵浩生先生，与其说他是一位满头银发、装满了现代和当代历史故事的老人，不如说他是一位洋溢着生命激情、挥洒着爽朗笑声、闪现着顽皮情调的年轻人。他已经76岁了，但你根本看不出来；他已经年逾古稀了，但你根本感觉不到。你感觉到的全是一种生动、全是一种神采飞扬、全是敏捷的思维和矫健的身姿。他拥有的是青年人的心态，这种心态使我突然想起1973年冰心老人送给赵浩生先生的一首诗《因为我们还年轻》。这首长达百行的新诗，冰心老人精心书写，赵浩生先生将诗作精心裱好，至今仍高高地悬挂在赵先生在美国纽约的寓所中。我到美国再一次访问赵先生时，一下子就看到了这首诗：

昨天，有一位年轻人来看我，
把他的新诗念给我听，
第一首诗的题目是：
《因为我们还年轻》。
这题目引起了我的诗情，
我看着他的热情的年轻的脸，
轻轻地跟着他念——
因为我们还年轻，
……
我年轻的时候就没有年轻过！
那时，围绕着我的是：
漫天的帝国主义的烽火，
遍地的封建主义的妖魔。
白骨堆成山，血泪淌成河，
国耻纪念比节日还多。
这就是我年轻时候的中国！
……

青年赵浩生。

我轻轻地念着冰心老人的这首长诗，赵浩生先生也跟着背诵着。他说：这首诗我全能背诵。我在国内演讲时，经常背诵这首诗。听到这句话，我突然明白过来，赵浩生先生为什么如此年轻？因为他的心是年轻的，他所热爱的祖国是年轻的。

一、我终于见到了妈妈

1996年3月中旬的一天，沁人心脾的春风，把我和赵浩生先生的侄子赵松一同吹进了中国著名的酒店——北京王府饭店。在这里，我第一次拜访了赵浩生先生。在典雅豪华的西餐厅里共进早餐时，我问赵先生："您是什么时候离开祖国、远渡重洋到达美国的？"赵浩生说："1948年我从南京到达日本，任《东南日报》驻日特派员。当时我想很快就会回到祖国的，可是万万没有想到，这一去就是几十年！"

笔　者：1949年10月1日新中国成立后，您为什么没有很快回国，而是在一别25年之后才下定决心回国的？这是什么原因？

赵浩生： 新中国成立的消息我是在日本听到的。这个消息震撼了我的心。当时我就考虑过回国，给国家新闻署写了一封信，表达了我想回来再做新闻记者的愿望，并寄了几篇文章。这几篇文章中只有一篇发表在《光明日报》上。可是，我给新闻署写的信一直没有回音。我想，我曾任过国民党《中央日报》记者和《东南日报》驻日特派员，这样的身份使我很难再回国了。就在这个时候，朝鲜战争爆发了，我和国内的联系中断了。

我像所有在国民党教育下的中国人一样，自小就患了一种“恐共病”，害怕共产党，不敢回大陆。但我也不愿意留在日本，因为在日本的生活非常紧张。于是我想找一个可以暂时安身的地方，就想着法子去了美国念书、生活。我抱着一本《韦氏大辞典》，按照上面所有的美国大学的地址，写了150封信，申请奖学金。不久，3所学校有了答复，我选择了伊利诺威大学。真没有想到，这一去就是几十年。我到美国的时候，正是中美关系最恶劣的时候，朝鲜战争打得很激烈，美国宣传共产党领导下的政府是怎么怎么坏，像洪水猛兽一样凶残，在国内杀了很多很多人，在国外如何搞颠覆活动，等等。这种荒唐的宣传把善良的美国人吓住了，也把我们这些在民国时期患“恐共病”的华侨吓住了，我们只好在美国的土地上慢慢生活下来。

笔　者： 既然这样，那您为什么在1973年突然回国呢？

赵浩生： 这里面的一个重要原因就是我太想家了。我梦里都在想念母亲，都在想念我的亲人，都在想念别离太久的祖国。我一直都想回去，一直都在寻找机会。你们知道不知道，我们这些出国人员以前都经过两个永远忘不了的噩梦：一个是在国内领护照的时候，被国民党折磨得死去活来；一个是到美国驻华大使馆申请签证的时候，被美国人像对待罪犯一样审问、调查，他们把每个中国人都当作叫化子、走私犯、共产党、毒品贩子。

中国人在美国受尽了歧视，像找工作、做生意、租房子、办居留证，都是一把鼻涕一把泪的。1952年的一天，我到街上买东西，碰到一群美国孩子，他们带着一条狼狗。那群美国孩子见到我后，就教唆那条狼狗：“去咬那个中国佬!”那条大狼狗马上向我扑来。我迅速从地上捡起一块大石头，握在手中。狗被吓住了，“汪汪”直叫。我就在狗叫人笑的情形下走了过去。这时我一身冷汗、满眼泪水、满腔怒火。这一刹那，我猛然认识到没有强大祖国做后盾的一个华侨是多么屈辱、多么危险、多么孤零啊!

从50年代开始到70年代初，我们在美华侨就是在这种状态、环境下慢慢生活的，大家内外受欺、无依无靠、逆来顺受、自生自灭，生活极为艰难。我们在美国受这种洋罪，难道不想家吗？可以这样讲，在外国生活的中国人，无论生活好坏，没有一个不想家的。但是我们住在一个反共的国家里，看到的都是反共宣传，都把中国说成是人间的地狱，我们想回去又不敢回去。为了不受国民党的气，又不受美国的气，我们不少人都改变了身份，其中有的还加入了美国国籍。这就是我们当年的情况。

在美国的华侨与祖国分离的状况被一个重大事件改变了，这就是1964年我们中国第一颗原子弹试爆成功。这一成功，对海外中国人的影响是不可估量的。这一声爆炸，告诉我们，祖国取得了多么大的进步啊！此时此刻，我更渴望着回到祖国去看一看。

1971年，我到巴黎大学教书。这时，法国已经和新中国建立了外交关系。有一天我徘徊在杰尔逊大街上，我们的大使馆就在这条街上，在这里我第一次看到了飘扬的五星红旗。那一刻，我是多么激动啊！那样的心情，不在海外的人是无法感觉到的。那天，我在大使馆的门口走来走去，就是不敢走进去：我心里有顾忌，我有“恐共病”啊！后来，我在巴黎看了一部纪录片《红旗渠》，是这部纪录片打碎了我的“恐共病”。我是河南人，当然知道林县以前有多么穷、多么旱。当看到林县人民凭着他们的双手经过10年苦斗建成一条被称为“世界奇迹”的红旗渠的时候，我的热泪滚滚而落。我想，林县人有这种精神来改造贫穷山河，全中国人民一定也可以改造全中国。这时，我那20多年积下的“恐共病”一下子被红旗渠的水和我的泪水冲洗得一干二净，我下决心一定要回国看看。我毫不犹豫地打通了中国驻法国大使馆的电话，大使馆的同志们与我交谈了许多。

另外一个原因是，就在我去法国的时候，我忽然听到基辛格秘密访华的消息。这个消息给国外华侨带来的兴奋就像当年沦陷区的中国人听到日本投降的消息一样，大家的感觉是“天亮了，天亮了”。接着，中国乒乓球队又到纽约表演。我第一次在美国土地上看见五星红旗，也是第一次听到了我们中华人民共和国的国歌。那天，我带着儿子、女儿一起去体育场看乒乓球比赛。当看到中国国旗、听到中国国歌的时候，我实在没有办法抑制住自己，只好让我的泪水尽情地流了下来。这时，我的孩子把我紧紧拉住，一句话也不说，他们完全懂得我的心情。接着，中国恢复了在联合国的席位，这就大大促进了华侨对祖国的认同感和回归感。尼克松总统访华时，中国人、在美华侨、美国人都以同样的心情关注着这个大新闻。我感到大好时机来临了，迫不及待地想回国看看我的亲人，于是，我就写了一封家书。由于我不知道当时亲人身在何处，就按民国时期记下的旧地址把信发了出去。

笔　者： 今年3月份我到北京拜访您之后，我又来到河南信阳拜访了您的弟弟赵更生。他们夫妇谈起大哥、大嫂特别高兴啊！我在信阳看到了您的这封别离祖国20多年后写给亲人的珍贵家书，信封上写的是："中华人民共和国河南省息县新华街8号赵星萍、福生、祥生、更生或任何一位赵家的亲友。"信的内容是：

父母亲：

分别20多年了，希望你们能接到这封信。

我和我的太太一直在美国的耶鲁大学教书。我们的女儿惠纯，今年17岁，读高中三年级，准备明年进大学；儿子惠程，15岁，读初中三年级。我们都很想念祖国，想念你们。

倘若你们能接到这封信，告诉我们你们现在的地址，我们就开始在这里设法办理回国手续。也许不久就可以重见祖国、重见亲人了。

祝你们

都好！

儿浩生敬禀

一九七二·十·四

在一个寂静的夜晚，在赵浩生的弟弟赵更生先生家里，赵更生先生非常动情地告诉我："大哥的突然来信让我们全家吃惊极了。大哥离开家乡几十年，一直没有音讯，我们都很想他，也一直在寻找他。多少年啊！怎么找也找不到。我们想是不是大哥已经不在世上了。大哥在来信中还附了一个写有他的英文地址的信封，我们马上发了回信。1973年大哥、大嫂回家的情景我现在还记得一清二楚，我一辈子也忘不了。我到信阳车站去迎接哥嫂，一见到大哥，就哭叫着跑了过去。大哥也向我跑了过来。我们抱在一起，激动得哭了起来，什么话也说不出来了。"

赵浩生在回忆这一段永远难忘的日子时说："最让我兴奋的是我终于见到了老母亲。20多年没见了，见到母亲的那一刹那间，我只叫了一声'妈'便什么也讲不出来了。她老人家虽然老了，但精神很好。当我介绍我的日本太太与老人家见面时，我要太太给老人家磕头，老人家忙拦住说：'这是新中国，不兴这个老规矩了。'我与所有的亲戚见了面，而且

1973 年 5 月，赵浩生（前排右一）首次回国返家乡信阳息县时合影，照片中全是他的亲戚。

坐在一起吃了顿团圆饭。在吃饭时，我说：‘妈，我们不是在做梦吧?’母亲说：‘这不是做梦，但这比做梦还要好啊!’母亲这句话刻在了我的脑海里。我终于回到了祖国，终于见到了我的亲人，终于见到了我的母亲。”

二、我有一个梦

在我多次采访赵浩生先生的过程中，他不止一次地这样说：“当我第一次回到祖国的时候，我就有一种失落、感愧的心情。失落，是因为我们当年在出国的时候认为可以在国外找到安身之所，结果得到的只是物质上的满足，精神上却十分空虚，这种空虚，在客观环境迫使你有家不得归时，还可以勉强埋在心底；一旦有机会重新见到祖国、亲人时，就一发不可收拾。我常常感愧的是，祖国发生了改天换地的变化，而自己对这一切毫无贡献，回去又受到这样热情的照顾。所以啊！我打第一次回国之后，就经常回国，到现在已经是几十次了。而且，回到祖国后呆的时间越来越长了。现在，一年中我在祖国的时间快对半了，将来我可能拿出大部分时间在祖国大陆。我要尽我的力量为国家效劳，补偿我的感愧。我再不能对祖国的建设只当旁观者了，要积极投入、参与祖国的建设，尽力干一些我能干的事情。否则，我会后悔的。”

10月的郑州，秋高气爽，赵浩生先生提着非常简单的行李，从北京飞到河南，应邀参加'96中国中西部地区对外经济技术合作洽谈会。在一次颇具家庭氛围的午餐上，赵浩生先生告诉我和我的太太说：“前天，我参加了在北京举行的纪念长征胜利60周年的大型活动。在庆祝会上，一批老红军、老将军们含着眼泪回忆了60年前的那段难忘的岁月。我心里非常激动——没有二万五千里的长征，哪有新中国的诞生；没有那一批坚强的战士，哪有今天的江山。长征精神确实可歌可泣。会上有人请我发言，我站起来讲了这么一个故事：1975年年底，我的母亲病故，我带着太太和儿子从美国赶回信阳，为我的母亲奔丧，这是我儿子第一次也是最后一次见到已经病逝的奶奶，我要让我的儿子最后见上一面奶奶，见一见奶奶生活和安葬的土地。就在这一次返回美国的途中，儿子非常严肃地问我这么一个问题：当中国最困难的时候，您在哪里？当中国正在建设的时候，您又在哪里？面对儿子提出来的问题，我无法回答。儿子提得太好了！看到儿子成熟起来了，我心里感到高兴。是啊，我为国家做的贡献太少了！我心中感愧不已。今天在座的老红军们，当你们在长征路上浴血奋战的时候，我在哪里？我问我自己！你们才是国家的财富，你们才是为国家贡献了一切的最高尚的人！”

有一次赵浩生的侄子告诉我：“大伯那种爱国之心很强烈，对我影响很大。他总是在说：‘我有一个梦，就是希望看到祖国更加强盛，只有国家强盛了，华侨才有地位。’我大伯为什么不辞劳苦、不远万里，经常往返于中美之间？目的就是为国家建设穿针引线，促成一些经贸项目。大伯看到亚运会筹资困难时，就动员加拿大北方电讯公司捐赠了价值350万美元的程控电话设备。1989年‘六四’政治风波前后，我大伯正在北京，他一直认为中国只有稳定才能发展，才最有希望。到了8月份，大伯又回到北京。江泽民总书记亲切会见了他。”

1996年，我和赵浩生先生，在从纽约开车前往波士顿耶鲁大学的途中，我问他：“1989年8月份江泽民总书记亲切会见了您。对此，您有什么最深刻的感受？”

赵浩生：江泽民总书记的外语水平非常好，和我谈了一个半小时。有些意思用英语表达更恰当一些，因此，我们常常用英语来交谈。江总书记的英语用词非常确切，在当今世界，江泽民总书记是一个有技术、有眼光的领导

1989 年 8 月，江泽民总书记在中南海会见赵浩生。

人。我当时询问总书记，第三代领导人核心的核心是什么呢？江泽民肯定地答复："要抓经济！"这个答复一语破的，我本人也深受鼓舞。

笔　者：赵先生，现在您最大的梦想是什么？

赵浩生：这个梦就是咱们中国能够统一起来。我是 1945 年第二次国共合作重庆谈判的历史见证人，当年见过蒋介石、宋美龄、毛泽东、周恩来、叶剑英、邓颖超等风云人物，也曾为全国多家报纸采写过大量的新闻稿件。1984 年，邓颖超会见我时，我们共同回忆起几十年前的情景，大家都是眉开眼笑、妙语连珠。邓大姐和我都认为，第二次国共合作虽然没有成功，但是第三次国共合作的时代一定能够到来；我们不能只是消极地观察、等待，我们要积极地去努力、去促成。就我来说，我是相信国共双方第三次合作一定会到来，大陆和台湾一定会统一，我随时准备着积极参与第三次国共合作的新闻报道，只有中华民族统一了，我们才真正有希望，谁也不敢欺负咱们了！

笔　者：您常常来祖国大陆，并在前些年的文章中常常批评台湾当局，台湾当局欢迎您去吗？

赵浩生：我第一次去台湾是在 1966 年，以联合国注册记者的身份采访了蒋介石先生。当离开台湾飞往香港的时候，儿子问我："爸爸，这就是中国吗？您不是说中国大得很吗？"我告诉他："这不是整个中国，这只是中国的一个省。"然后，我指着飞机下面的一块大陆对儿子说："你看那白云底下的一个大陆，那就是中国大陆。在那块土地上，有长江、黄河、万里长城，住着跟爸爸和你有一样肤色的7亿多龙的传人。”我告诉他：“爸爸是在那里长大的，你的爷爷、奶奶和所有的亲戚都住在那儿。”

我第二次去台湾是在1990年8月，与第一次相隔24年。1973年之后，我经常回祖国大陆进行考察、观光，还写了不少对当年的国民党政府进行抨击的文章，在世界很多报纸上刊登。所以，台湾当局不欢迎我，曾把我列入了“黑名单”。进入90年代，我看到台湾的“政治气候”有所变化，所以我才决定对台湾再进行一次采访。在我离开美国到台湾之前，台湾在美国的一个机构送给我一封密封信，告诉我到台湾之后把这封信交给台湾的接待人员。我感到很神秘。下了飞机之后，很快就有人认出了我，并把我领到一个房间里去。进入这个房间之后，有人把我的情况从微机里全部调了出来。他们的意思是：我的情况他们都一清二楚，让我放明白点儿。我把那封密封信交给了他们。他们看了之后，什么也没说就放了我。没有想到，我在台湾和老朋友们见面的时候，不但彼此一笑恩怨冰消，而且我以独特的身份多次享受到了十分亲切的接待。

最难忘的是，在原《东南日报》社老社长胡健中举办的一次宴会上，我见到了国民党元老陈立夫先生。此后，我还拜会了许多重要人物。在我所接触到的重要人物当中，我惊喜地看到，他们和祖国大陆人民一样共同祝愿着海峡两岸的交流与合作。这次到台湾还有一个意想不到的收获，就是李登辉先生会见了我，我们谈了一个半小时。后来，就这次会谈的情况我很快与杨尚昆主席进行了沟通。

为此，我向北京建议：在海峡两岸未实现统一以前，双方的领导人之间是否可以建立起一条热线，以便有紧急事件发生的时候可以消除误解、相互通融呢？美国和苏联当年在冷战时期就建立了一条“莫斯科—华盛顿热线”，双方一旦发生重大事情，就事先通知对方，以免对方产生误会，给世界造成不稳定。所以，我呼吁海峡两岸能否建立一条热线，使双方互通消息、互相理解，为促进两岸统一铺好路子。我的这个建议也许太天真了，也许时机尚未成熟，但我一定为两岸的统一尽最大的努力。我想，我的祖国统一的梦想一定能够实现。

三、中国儿子，日本女婿，美国公民

笔　者：赵先生，您阔别祖国几十年了，由于历史的原因，您早已加入了美国国籍，成为一名美国公民。您几十年来生活、工作在美国，又对祖国 1973 年以后的情况非常了解，请您评述一下中美两国关系的现状和前景。

赵浩生：美国的历史不过 200 多年。在相当长的一个历史时期内，它不像现在一样对任何事情都想发表自己的意见。在 20 世纪初，国务卿海约翰提出门户开放政策时，它还是世界殖民地阵营中的后来者，它还要打着利益均等的旗号，请求在瓜分世界的狂潮中分得一杯残羹。第二次世界大战给了美国迅速上升的机会，当整个世界都笼罩在战争硝烟之中时，美国本土一片安静，这里成了全世界的兵工厂。“二战”结束时，美国高居经济繁荣之巅，俯视世界，一片战争废墟，开始对插手世界各地事务踌躇满志起来，对什么事情都想插手，都想指挥。比如对中国的计划生育政策，美国讲，中国政府只允许一家生一个孩子就是侵犯人权，是不人道的。但是我们中国的人口已经 12 亿多了，如果每个家庭再多生几个孩子那还了得？中美两国的国情毕竟不同，所以中美双方对人口问题的看法是不一致的，美国对中国的文化、国情是不了解的。

笔　者：那么，如何让美国人更多地了解中国呢？如何让美国人听到中国人的声音呢？赵先生，我这次到美国考察了两个月，有一个明显的感觉就是，对我们中国大陆的情况，美国人了解得太少了。同时也感到，我们中国在国际上的宣传搞得不够，就是搞了一些，也让国际社会很难接受，宣传技巧不够，这样对我们很不利。

1996 年 10 月，心态永远年轻的赵浩生和 4 岁的儿童干杯。

赵浩生： 确实如此，美国对很多问题在国际上嚷嚷得很厉害，我们中国却是不说话，打不还手，骂不还口，结果使我们在国际宣传上总是处于被动地位。我们要在国际上充分表达自己的见解、阐述自己的理由，要理直气壮地说话，要宣传我们的国情、介绍我们的情况，要让别人理解我们，要特别注重国际宣传、国际形象。美国这个国家有时是舆论决定了政策，舆论的强弱对政策的影响很大。我们中国一定要搞好自己的宣传策划，一定要会游说。其实中美之间没有根本的利益冲突，现在存在的只是误会——美国人不太了解中国，我们中国不太注意宣传自己，双方互不了解产生了许多误会。这些误会应该说是可以消除的。美国在中国没有领土问题，中国在美国也无领土问题，两个国家如果求同存异的话，我看还是同多于异。前一段我给北京写了一份万言书，题目就是《让美国人听到中国人的声音》，这个万言书已在《人民日报》的内参上发表了。我还写了另一份万言书，叫《说游说》。美国这个国家就是个注重游说的国家，所有与美国发生关系的国家都在美国进行游说。美国有游说公司，游说在美国就是公关策划，止像我们春秋战国时期的张仪、苏秦一样。

笔　者： 最近，有一本书很畅销，书名是《中国可以说不》。这本书在国内、国外都产生了很大的影响。您站在国际关系和中华民族更高利益这个角度上，如何看待这本书所反映出来的情绪？

赵浩生： 这本书很不好，很幼稚，很天真。这本书表现出来的情绪是不对的，在国际社会上反响很不好。这是一本带有狭隘民族情绪的书。我们千万不能从自卑走向自大，这是很可怕的。民族自卑，可怕；民族自大，同样可怕。我们中国现在最要紧的是向发达国家学习，把我们的经济建设搞上去，韬光养晦很重要。美国发达是有它的道理的，我们中国要学习这一点，我们不能否认美国经济发达的现实。

笔　者： 最近一个时期，中国和日本之间就钓鱼岛问题发生了一起不愉快的事情，全世界华人都极为关注这个事情。您是如何看待中日两国关系的？您的太太是日本人，您是日本的女婿，您的看法更有意思。

赵浩生： 我是第一代“保钓运动”的参与者。最近发生的钓鱼岛事件，我非常关注。日本曾在中国犯下了滔天罪行，现在日本并未汲取二战失败的教训，反而在经济发展之后在领土问题上又想恢复军国主义。前一段时间，日本与韩国就竹岛事件发生冲突。现在看来，日本军国主义复活是有可能的，我们中国人一定要警惕这一动向。

我的太太今泉智惠是在美国长大的日本人，她没有狭隘的民族主义情绪，颇有正义感。我的太太是坚决反战的，坚决反对日本军国主义复

1996 年，赵浩生（右）再次回到郑州，时任漯河市长的陈全国（中）与蒋晔一同宴请他。

活。她认为，军国主义不仅对别国人民是个灾难，对日本人民更是一个灾难，第二次世界大战就说明了这一点。日本右翼分子并不是孤立活动，没有日本政府的支持，日本右翼分子的活动也不会这么猖獗。在 70 年代就发生过钓鱼岛事件，当时我是美东地区“保钓运动”的领导人之一，在纽约的“保钓运动”的领导者经常在我家谈论“保钓”的组织工作。我的太太都是支持的。

笔　者：您如何评价在钓鱼岛附近不幸遇难的香港“保钓运动”领袖陈毓祥先生？

赵浩生：陈毓祥烈士是一位非常杰出的“保钓运动”领导人，他有非凡的组织才能和一颗强烈的赤子之心。我和陈毓祥先生很早就认识，他的确很优秀。我们“保钓者”应该是“保钓”的斗士、勇士，而不应该成为牺牲者，成为一种悲剧人物。所以，我为他的牺牲而深深惋惜，对他的牺牲精神无限钦佩。

笔　者：您的家庭可谓是一部“三国志”，您经常往返奔走于中、日、美三国之间，为了什么？

赵浩生：我希望通过我的努力促进世界上这三个重要国家的各种合作与交流，以实现太平洋两岸的长期和平与发展。但是，我的心还是深深地祝福着自己的祖国。

1996 年 10 月 10 日，当我乘坐的大型波音飞机腾空而起、飞离美国西海岸最重要的城市——洛杉矶的时候，我在想，我在渴望地想，我要赶快回到祖国的怀抱，我要赶快见到我的亲人们。刚刚离开祖国母亲两个月的我，思念之情竟是如此强烈，可想而知，别离祖国和亲人几十年的赵浩生的乡愁、思恋该是几千倍的强烈！我一边欣赏着太平洋上空的茫茫云海，一边回味着赵浩生那意味深长的话：

人的一生最大的愉快是什么？我觉得人的一生最大的愉快就是让母亲知道你所取得的成就。你所取得的成就，如果母亲不知道，那又有什么用呢？又有什么自豪感呢？当我第一次买到豪华轿车，拿着钥匙去开车门的时候，我突然想到，如果我母亲能坐进这辆车里该有多好啊！当我第一次买到漂亮的住宅，拿着钥匙去开房门的时候，我又突然想到，如果我母亲能住在这里该有多好啊！现在，我在美国所获得的一切，我的母亲没有亲眼看到又有什么用呢？正是这种心情，我总是想回国，我在祖国感受到了母亲的温暖、感受到了人情的温暖。我在美国很孤独！真是寂寞得快要发疯啦……

穆青简历：

穆青，男，1921年农历二月初六生于安徽蚌埠，祖籍河南周口，回族，10岁时回到河南杞县母亲的娘家，1932年入杞县大同小学读书，后入大同中学，1937年参加八路军，后来赴延安“鲁艺”学习。1942年调至《解放日报》工作。其间，他的连续报道《人们在谈说着赵占魁》引起了党中央的重视，党中央为此发出了向赵占魁同志学习的号召。他写的《雁翎队》是我国新闻史上的佳作，曾入选中学语文课本。1946年，他深入东北，写出了《东北抗日联军十四年斗争史略》；后来随军采访，写出了大量的战地通讯。解放后，他最重要的新闻报道是和冯健、周原同志合写的长篇通讯《县委书记的榜样——焦裕禄》。改革开放以来，他又写出了《为了周总理的嘱托》、《历史的审判》、《一篇没有写完的报道》、《珠江起风帆》等重要文章。除此之外，他为新华社走向世界、成为全球六大通讯社之一，做出了重要贡献。1982年至1993年任新华社社长。党的十二大时被选为中央委员，十三大时被选为中顾委委员，2003年10月去世，享年83岁。

穆青：永远不忘人民

我们在采访豫剧大师常香玉先生的时候，她一再叮嘱说：你们应当到北京采访一下穆青、魏巍、姚雪垠等名家，他们才是河南的骄傲。于是，我们便在1995年秋季来到北京，在新华社穆青先生的办公室采访了他。当年冬季，我们从朝鲜考察归来，途经北京时又来到他的办公室，再度访问他。此时的他刚从领导岗位上退下来不久，正集中精力整理以往的文图资料。我们随身携带着他的新著《彩色的世界》，引起了他的很多话题。

穆青是一位很有特色的老人。在我们两次拜访他的过程中，在我们认真阅读他的新闻作品的时候，在很多朋友谈论他的人品和文品的时候，我们都深深地感受到穆青的特点：谦和中微微带一点严厉。1996年10月下旬，刚刚参加过穆青新闻作品研讨会的美籍华人、著名专栏作家赵浩生先生飞抵河南，参加'96中国中西部地区对外经济技术合作洽谈会。我在郑州见到赵先生，问他："您是如何评价穆青的新闻作品的?"赵浩生说："穆青的新闻作品最大的特色就是具有强烈的时代性、人民性。"

一、漫漫长夜里的一盏明灯

笔　者： 我们看到一些资料，关于您是哪里人，说法不一，有的说您是周口人，有的说您是安徽蚌埠人，也有人说您是开封杞县人。这三个地方中哪个对您的影响最大?

穆　青： 哪一种说法都行。其实，我的祖籍在周口，出生在蚌埠，10岁时我才到开封杞县。杞县对我的影响最大，那是我走上革命道路的起点。

笔　者： 为什么说杞县对您的影响最大?

穆　青： 30年代初期，杞县有一所非常好的学校，叫大同中学。这所学校的校长是著名教育家王毅斋先生。他是一位爱国志士，从德国留学回来后一直在杞县办教育，他的身边聚集了许多忧国忧民、具有进步思想的老师。这些老师中间有一些就是共产党员，他们以隐蔽的身份为我们讲课，讲革命道理。正是在这里，我才知道了什么叫革命、共产党是干什么的、为什么我们中国人老是受帝国主义的欺侮。没有这些启蒙教育，我就不会走上革命道路。所以，我非常怀念杞县，非常怀念大同中学。在我看来，它是漫漫长夜里的一盏明灯，照亮了我前进的道路。我出生在一个旧知识分子家庭，祖父是一个读书人，我小时候就在家里读书、认字、学习古文。11岁时我考上了大同小学五年级，后来又升入大同中学。在这个时期，我阅读了大量的中外名著，如鲁迅、茅盾、郭沫若、高尔基、法捷耶夫、托尔斯泰、屠格涅夫、契诃夫等名家的作品，其中鲁迅的书对我的影响最大。我在学校里还参加了进步的学生团体。

笔　者： 穆老师，您读中学的时候正是30年代中期，中国革命正处低潮。在这种情况下从事革命活动，的确需要很大的勇气。这对少年时期您的人生观的形成肯定产生了重大影响。

穆　青： 确实是，后来我之所以能够走上革命道路，与大同中学有着很大关系。我们还把"抗日救国"4个大字书写在墙上，非常醒目。国民党政府知道后派人来调查，不让写"抗日"这两个字。我们干脆把"日"字上打了个"×"，国民党拿我们没办法。当时，我们党的外围组织办的一些进步报刊我们都能看到。

笔　者：杞县离国民党的河南省会开封这么近，你们竟能看到共产党的刊物和文件，真是不可思议。

穆　青：我们的革命活动越来越引起了国民党政府的注意，革命师生不断受到监视和迫害。抗日战争爆发后，学校被迫停办，一批进步教师奔赴延安。比我们低一级的同学，在杞县沦陷后几乎全部参加了彭雪枫领导的新四军第四师。我印象最深的是教我们语文和史地课的梁雷老师。他每讲到激动的时候，都要用多种手势；讲到激愤时，又是声泪俱下。后来，他来到山西，参加了“牺盟会”，被任命为“牺盟会”雁门战时工作委员会主任兼雁北 13 县的游击队司令。1938 年 3 月 10 日，梁老师被日军包围，残暴的日本鬼子用刺刀活活地把他刺死了。我一直心存一个愿望，一定要去祭扫梁老师的坟墓。1993 年，我退休了，这才长途跋涉赶到山西偏关县。

解放前夕的穆青。

笔　者：你们大同中学的老师健在的还有谁呀？

穆　青：有姚雪垠老师。姚老师虽然不是大同中学的正式老师，但他给我们上过课。他是一位进步作家，很惹人注意。他到大同中学就是为了躲避国民党的白色恐怖，并在学校里继续他的创作。那时，我们接触很多。

笔　者：您是什么时候正式走上革命道路的？

穆　青：1937 年。那一年，我才 16 岁。我从大同中学毕业后，就到开封两河中学读高中一年级。可刚过几个月，日寇就逼近开封了。我只好离开学校，到山西临汾参加了革命。当时，山西临汾有个八路军驻晋办事处，彭雪

1979 年，穆青（后排右二）和老师姚雪垠（前排右二）在一起。

枫是主任。他在那里办了个八路军学兵队，接纳来自全国各地投奔革命的青年。我在那里接受了 3 个月的培训。不久，前线吃紧，日本人占领了太原并逼近临汾，学兵队只好停办。当时我已被分配到贺龙领导的 120 师。后来，我跟着部队转战雁北、晋察冀、冀中，一直到 1940 年 6 月。在这两年多的时间里，我们的部队天天打仗，我们都做好了随时牺牲的准备。后来，我们一同分到 120 师的几十个人大部分都牺牲了。我是一个幸存者啊！小蒋，你看，我现在 70 多岁了，身体还这样好，走起路来，年轻人也不一定赶得上，就是那个时候打下的底子。

穆青一边说着，一边伸出右胳膊，弯曲，伸直，比试了几下，然后哈哈大笑起来。

笔　者：您是什么时候到达延安的？当时的情况如何？

穆　青：1940 年 6 月。当时，抗日战争进入最困难的时期，日本侵略者开始在华北地区实行残酷的“三光”政策。正是在这种情况下，我们党从各抗日根据地挑选出一批干部到延安学习，准备让其学成之后再开赴前线。当听说组织上要调我去延安的时候，那高兴劲儿就甭提了。我马上打点好行装，一个人沿着黄河西岸兴高采烈地朝着延安方向走去。原本得走 13

天的路程，我只用了9天半，到达延安的第二天正好是我们党的生日……

笔　者：您在延安主要学习了哪些课程？

穆　青：我到延安后就参加了鲁迅艺术学院办的“部队艺术干部训练班”，戏剧、音乐、美术、文学都学，咱们河南的音乐家时乐濛老师当时教我们音乐课。我估计现在时老师不一定记得他的学生当中还有一个穆青呢！你写这篇文章时一定要写上这一点，时老师看了，他一定会大吃一惊的！1941年初，我转到“鲁艺”文学系。1942年9月，党中央的《解放日报》为充实记者力量，要从“鲁艺”文学系调十几个学生当记者，其中就有我。为什么会选中我呢？主要是因为我在1942年发表了一篇报道《我看见了战士的文化学习》，这篇文章引起了有关领导的注意。当时，我很想搞文学创作，我觉得当作家比当记者好，当作家有意思，所以心里有点儿情绪。周扬院长就找我谈话，有好几次。最后一次谈话是在延河边，我说：“我这个人比较内向，不爱说话，不爱活动，当不了记者，让我埋头搞创作，可能还好一点。”但是，周扬院长肯定地说：“这是党的任务，你必须服从，在布尔什维克面前，什么困难都可以克服。”我没法，只好硬着头皮去了《解放日报》。后来，一件事从根本上改变了我对新闻的看法……

二、永远为人民写作

笔　者：什么事情使您彻底改变了对新闻的看法？

穆　青：是关于赵占魁的报道。我到《解放日报》不久，第一次采访的人物就是陕甘宁边区的工业劳动模范赵占魁同志。这次采访，我是和张铁夫同志一块去的。我们和赵占魁同吃、同住、同劳动，写了好几篇报道，陆续发表在《解放日报》上。没想到这些报道引起了很大的反响，党中央发出了向赵占魁同志学习的号召，各个根据地的报纸都转载了这组文章。这件事情对我震动很大，教育也很大，使我认识到了新闻的力量和作用。就这样，我开始从内心里喜欢上记者这个职业，从此以后再未改变过志向。现在，你让我再写小说我也写不成了。

笔　者：我在北师大历史系读书时，曾为写一篇纪念杨靖宇的文章而查找了有关东北抗日联军的很多历史资料，其中最有价值的就是您的《东北抗日联军十四年斗争史略》。穆老师，您是什么时候从延安到东北的？

1995 年 10 月，蒋晔在北京访问穆青（左）。

穆　青：1945 年下半年，我参加了赴东北新闻工作小分队。1946 年 1 月，上级派我深入采访“东北抗联”的英勇事迹。我深入到吉林的深山老林，花费很多精力采访了周保中将军和“抗联”其他指战员。1946 年 5 月，我东赴朝鲜，采访了金日成同志。金日成同志领导的抗日游击队和杨靖宇同志领导的东北抗日联军关系十分密切，经常协同作战。所以，关于杨靖宇牺牲前后的情况，金日成同志了解得很多。那一天，我和金日成同志从晚上七八点钟一直谈到子夜时分，我只好住在他家。《东北抗日联军十四年斗争史略》发表在《东北日报》和延安的《解放日报》上，发表时还配发了一篇访问记《访问周保中将军》，这组文章引起了较大的反响，中央东北局曾单行印了数十万册，广为散发。

笔　者：您是不是随着辽沈战役、平津战役的胜利，从东北直接进入北平的？

穆　青：不是，我是 1958 年才调到北京新华社总社工作的。1946 年，我担任起《东北日报》采访部主任之职。1949 年 3 月，我奉中央宣传部和新华社电令，以新华社特派记者的身份随同“四野”南征，主要写战地通讯。1951 年 11 月。我留在了上海，担任新华社华东分社的领导职务。

笔　者：我们都读过您和冯健、周原同志合写的长篇通讯《县委书记的榜样——焦裕禄》。这篇通讯是怎样诞生的？

穆　青：1965 年底，新华社派我和冯健去河南了解情况，为即将召开的新华社全国分社工作会议准备材料。我们决定到几个重灾区去转转，报道一些广大人民艰苦奋斗、战胜灾害的事迹。由于周原已经去过豫北了，所以他就改去豫东。他一进入兰考县，就听到了焦裕禄的故事。焦裕禄的事迹深深地感染了周原，他建议我和冯健一定要到兰考看一看。我们辗转几个县后到了兰考，张县长接待了我们。他讲着讲着就哭了起来，我们也跟着哭了起来，连饭也吃不下去了。我们只好改在第二天接着谈，张县长说，有个叫靳梅英的老大娘听说焦书记去世了，连夜步行赶到县城，依稀看见宣传栏里有焦裕禄的遗像，便瘫在马路旁，愣愣地看着遗像，一动也不动。那时，天上正下着雪。后来，焦裕禄的遗体被运回兰考。那场面真叫人心碎，老百姓扑在他的墓上，手抠进坟头的黄土里，哭天哭地喊：回来呀，焦书记……

采访后，我们几个决定马上把这些故事写出来。但在兰考肯定是写不成了，泪水怎么也抹不干，我们只好转移到开封。到了开封，周原一口气写成了 1.2 万字的初稿。周原留在新华社河南分社待命，我和冯健带上初稿返回北京。我们想：写焦裕禄是为了什么呢？不是为了让读者陪着流眼泪。焦裕禄对人民的感情是从哪里来的呢？焦裕禄在灾害面前顶天立地、在病魔面前视死如归，力量来自何处？我们觉得写不好焦裕禄，就对不起兰考的父老乡亲。我们把稿子改了一遍又一遍，直到第 7 稿才满意。我们又把第 7 稿传回河南分社，请周原再赴兰考进行核实。之后，我们还召集了各方的干部群众讨论，只要有一个字表达得不够确切、有一句话写得不够好，我们就当场修改。这篇稿子直到完全无误的时候，才在 1966 年 2 月 6 日由新华社向全国播发。

中央人民广播电台在播发这篇通讯前，录音制作出现了前所未有的障碍——稿子还没念到一半，著名播音员齐越已经泣不成声了，录音制作只好中断。等了好长时间，齐越在情绪稍稍平静后接着念。念一节，他又泣不成声了……到后来，编辑也挺不住了，都趴在操作台上哭了起来。闻讯赶来的几十位播音员、干部都肃立在录音室窗外，静静地看，默默地听，悄悄地擦眼泪……《人民日报》在头版头条刊登了这篇长篇通讯，并配发了社论《向毛泽东同志的好学生——焦裕禄同志学习》。《县委书记的榜样——焦裕禄》是我一生中影响最大的一篇文章。

笔　者：读您的新闻作品，总有一种感觉，您和基层群众的心贴得很近，您交了很多农民朋友，您笔下的人物都是那样真诚、质朴、可爱。这是为什么？

穆　青：我认为，新闻工作者只有关注实际工作，走群众路线，真正扑下身子去体验人民的生活，才能写出好的作品来。正是因为这样，我经常下去走一走，看一看。前一段时间，我又到河南看了看，看到了河南的希望，看到了河南的美好前程，也看到了河南人的信心。你们想一想，焦裕禄有多大能耐？就今天来讲，他懂得的科学知识并不多，但他能在群众最困难的时候代表党关心群众，给群众送温暖，帮群众战胜灾害，渡过难关。所以，他虽然只在兰考工作了 1 年零 3 个月，但 30 年后，兰考老百姓还是拿着馒头拿着肉菜到他的坟上去祭奠他。焦书记了不起啊！我对那些任劳任怨、为群众着想的优秀共产党员和劳动模范，总是发自内心地钦佩。所以，我总是忘不了乡党委书记孙钊同志，忘不了县委书记郑永和同志，忘不了红旗渠除险英雄任羊成，忘不了全国劳模、棉花专家吴吉昌老人……

笔　者： 您写的焦裕禄这篇通讯为什么会在后来遭到批判？

穆　青： 这篇通讯在“文化大革命”中遭到批判是在所难免的，因为这个时期，黑白颠倒了，是非真假混淆了。“文革”一开始，有人就批判这篇文章、说它是大毒草，说我们把兰考写得太凄凉了，是给共产党抹黑。再后，“四人帮”先是打倒了刘少奇，接着又打倒了贺龙。贺龙是我们的师长啊，怎么会是“大军阀”、“大土匪”呢？我不敢对外讲这些话，于是就把心里话和思考都记在日记本上了。没想到，1967 年“造反派”抄我家时抄走了我的很多日记本。就这样，我被打成了“现行反革命”。直到 1971 年在周总理的关怀下我才被解放出来。

1975 年，江青在大寨影射攻击周总理和刚刚恢复工作的邓小平同志，说什么要大搞“批林批孔”，要大批“周公”。我听到这个消息后觉得不对劲儿，就给毛主席写了封信，说江青这个讲话有点问题，请主席看看，并把江青的讲话原稿附在后面。谁知这封信没有被送到毛主席手里，让毛远新给截去了，所以就引发了“朱穆李事件”——“朱”是当时的新华社社长朱穆之，“穆”就是我，“李”就是李琴记者。为此，我们几个人都遭受了严重的迫害。但我不妥协，因为我觉得作为一个共产党员，作为一名真正的记者，就应当敢讲真话、实话。只要对我们党有利，对我们的人民有利，就要坚持到底，不能动摇。只有这样，我们中国的新闻事业才能真正强大起来！

笔　者： 在您的笔下，描写河南老家的人和事较多，您也经常回老家走走看看，您对家乡的情感众人皆知。我们听说，有人说您是个“偏心眼”，是不是这样？

穆　青： 是这样，新华社内就有这种说法。我作为一个河南人，不关心家乡的建设是没有道理的。我总有一种想法，就是在有生之年能看到河南的振兴。

三、中国的新闻要走向世界

穆青不仅是一位享有崇高声誉的资深新闻工作者，更是一位推动中国新闻事业向前迅速发展的重要领导人。1982 年至 1993 年，他任新华社社长，为中国跨入世界新闻大国行列做出了很大的贡献。谈起这段往事，穆青很有感触地说："我在'文革'以前写了一些文章。'文革'中间主要是写检查，被人折腾坏了。'文革'之后，我的主要精力都花在新闻事业的发展上了。其实，就文章写作和新闻事业的发展来讲，在我心中还是新闻事业的发展更重一些。我觉得，文章写得好不好是个人的事；新闻事业搞得好不好是国家的事，是真正的大事。"

笔　者：这十几年来，新华社的国际新闻思路是怎样确立的？您最感欣慰的是什么？

穆　青：这十几年，我们一直把力促新华社走向世界确立为头等大事来抓。为此，我访问了 60 多个国家，建立和强化了新华社在一些地区的分社，如拉美地区分社、东欧地区分社、西欧分社、中东分社、亚太分社以及联合国分社，并加强了同 120 多个国家和地区的新闻联系，派驻了大批经过培训的记者。可以说，到目前为止，我们已经从根本上打破了国际新闻被西方个别大国垄断的状况，我们的新闻得到了世界各国的重视，新闻订户已有一两千家，加上一些信息订户总共有 5000 家了。国际上一些大的事件，如海湾战争、波黑战争等，都有我们的记者进行战场采访报道，很及时，很全面。现在世界上不管发生什么重大事情，在采访的记者队伍中，都有新华社记者。我觉得，我们的有利条件多得很，西方人能干出来的事情，我们都能够干出来，而且干得更好。我们不能听任西方人歪曲我们，摆布诬蔑我们。现在，我最感欣慰的是新华社已经成为世界上六大通讯社之一，已经建立起一支可以在全世界范围内收集、发布新闻的记者网络、通讯网络，已经打入了国际新闻市场和图片市场。

另一点让我感到十分高兴的是，这十几年，我们新华社云集了一大批人才，上下很团结。这支队伍经历了很多考验，是一支能打硬仗、能成大事业的队伍。我非常喜欢这支新闻队伍，因为它总是朝气蓬勃。

笔　者：从 1942 年您走上新闻道路开始，一直到 1978 年，人家看到的都是您的新闻作品，从未见过您的摄影作品。可 1978 年以后十几年中，您的摄影作品接连不断地发表出来，听说您还举办了个人摄影作品展，真令人惊叹。

穆　青： 1978 年以前，我从未拿过照相机，那几十年中我手中的“武器”就是笔。但几件重大的憾事让我非常后悔。我最终下定决心，一定要搞好摄影，一定要掌握好照相机这个“新式武器”。

第一件憾事是 50 年代中间，有一次我和著名记者华山随代表团到苏联去。我们两个都喜欢苏联文学，很想在彼得大帝的雕像前留张合影，但随团的同志中只有一位带着照相机，我们请他给我们俩照一张合影，他说：“不能给你们照合影，国家有规定，公家的照相机和胶卷不能给私人照相，我要是给你们照了，回国后肯定要挨批的。”80 年代，我又去了一趟苏联，再次来到那个雕像前。这次，我照了张相。我站在雕像前，情不自禁地哭了起来：不能和华山同志合影了，因为他已去世了……

第二件事情是，我们在采访焦裕禄事迹时，竟然没有留下一张采访照片，老乡们、干部们回忆起焦裕禄时泪如雨下的动人场面，没能永远留在画面上。

第三件事情是，1976 年周总理逝世时，一大早，寒冷的天气里，长安街旁云集了那么多人，那个场面真是太感人了。我赶快返回新华社，让摄影记者抓紧去拍照。他却含着泪说。不行啊！他们（指“四人帮”）不让照！那里有很多便衣，谁照就抓谁。打那以后，我就发誓，一定要掌握好照相机这个“武器”，再也不能留下新的遗憾了！到现在，我存的自己拍的照片就有一两万张。走，我领你们去看看！

我们随穆青老师来到另外一个房间，只见几个柜子整整齐齐地排列着。他小心翼翼地打开一扇柜门，嗬！照片真多！整理得真好！他从里面抽出几本让我们一一翻看，只见上面登记着照片的号码，记载着摄影的地点、时间和简短文字介绍。穆青说：“我几年前出了一本书，名叫《彩色的世界》，里面收录了我到世界各国的 200 多幅照片，还有我写的几十篇散文。我现在正在写一本书，名字叫《彩色的中国》，准备一个省选十几张照片，总共有 300 多张，可以出一本很好的画册了，可以很好地反映各省的经济、文化、民俗风情了。”

杨兰春简历：

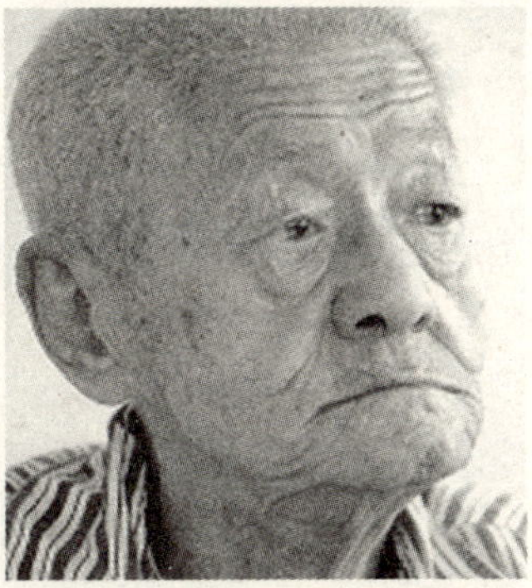

杨兰春，1921年生，河北省武安市人。著名剧作家。中国剧协副主席。1938年参加革命，1943年参加八路军。新中国成立后，曾在中央戏剧学院歌剧系学习。1953年至1980年先后任河南省歌剧团副团长，河南豫剧院艺术室副主任，豫剧三团团长、编剧。数十年来，他创作剧本十余个，导演戏剧、电影近百部。其中他创作并导演的现代豫剧《朝阳沟》，晋京演出，受到毛泽东、朱德等中央领导的接见，被长春电影制片厂拍成电影，发行全国。《朝阳沟内传》获全国话剧、戏曲、歌剧剧本优秀奖。与人合作的现代豫剧《刘胡兰》、《冬去春来》分别获河南省第一届、第二届戏曲观摩演出大会导演一等奖、优秀剧本奖。他导演的《香囊记》1986年参加香港"中国地方戏曲展"。此外他还担任了《包青天》、《少林童子功》、《少林寺弟子》的舞台导演、艺术顾问和艺术总监。2009年6月去世，享年88岁。

杨兰春：《朝阳沟》之父

咱两个在学校整整三年，
相处之中无话不谈。
我难忘你叫我看《董存瑞》，
你记得我叫你看《刘胡兰》。
……
想想烈士比比咱，
有什么苦来怕什么难。
你要愿走你就走，
我坚决在农村干它一百年。

《朝阳沟》第五场拴保劝说银环不要离开朝阳沟的这个优美唱段，深深地刻印在我们脑海之中。在我还是个孩子的时候，我就在家乡的打麦

《朝阳沟》剧照。

场上、瓜田地头，听到叔叔姑姑、大伯大娘们情不自禁地哼唱《朝阳沟》。一曲《朝阳沟》给人们带来了多少欢乐啊！

后来由于工作关系，我到过大连、北京，到过乌鲁木齐、吐鲁番，到过兰州、西安，也到过上海、深圳和海南，在这些地方，我都听到过《朝阳沟》那熟悉亲切的旋律。可以说，《朝阳沟》已经成为当代河南的文化符号之一。

一、朝阳沟好地方，名不虚传

1996 年春天的一个晚上，我们来到郑州市金水区经七路河南省文联家属院一栋普通楼房的住宅里，拜访了性格独特、充满幽默的杨兰春。

笔　者：《朝阳沟》已经成为那个时代的象征，您怀念那个时代、怀念那个集体吗？

杨兰春：我当然怀念啦！没有当时的那个闯劲，没有几十年的修修改改，没有我们三团那批同志的合作，哪有《朝阳沟》啊！《朝阳沟》不是我一个人的，是大家的。我这个人，你们不了解，我其实没有什么可写的，也没什么可说的。大家都是在抬举我，在给我捧场。没有王基笑、姜宏轩、鲁本修、梁思晖，没有许欣、陈新理，没有高洁、马琳、魏云、柳兰芳和王善朴，等等，哪有我杨兰春啊！今天你们来，我想到哪儿，就说到哪儿，你们俩也别见怪。

笔　者：您为什么把反映知识青年上山下乡这个题材的剧目，定为《朝阳沟》？难道朝阳沟与您有特殊的关系？

杨兰春：《朝阳沟》这出戏的名字，是在1958年突然想出来的。当时急着要剧本，本子出来后急着要名字，我就很自然地想到了“朝阳沟”这三个字，结果是一定终身。为什么当时想到了这个名字，而没有想到别的，这倒有点原因，有一些故事。

朝阳沟这个地方，原名叫曹村。我很怀念这个地方，解放战争时期，我们的队伍攻打过登封县和曹村所在的大冶乡，可以说是解放过这块土地。我的五个战友就牺牲在这里，当时就埋在这个地方，还是我亲自掩埋的。为了找我的战友，也为了深入生活写剧本，我们就在1957年7月，来到登封县的曹村，在乡亲们的帮助下，终于找到了战友的墓地。我将战友的遗骨移葬到登封县烈士陵园，还写了碑文，所以我对这个地方有特殊的感情，和当地的乡亲关系很好。在那次下乡生活中，我们为了抗旱，买了水桶和水舀子，壮劳力一天挑61担水，我也要挑上60担。白天和乡亲们一起劳动，晚上到老乡家串门、唠磕儿。后来写剧本时，自然就想到曹村有个“朝阳寺”，这里又是沟沟坎坎多，干脆就取名为《朝阳沟》吧！

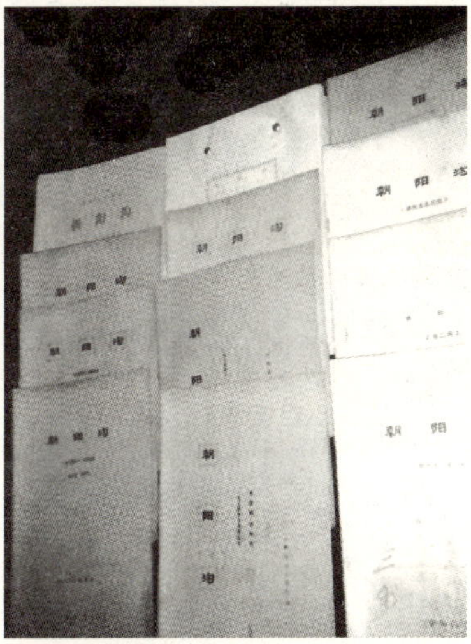

杨兰春保存的各个时期的《朝阳沟》剧本。

笔　者：您从构思到写出《朝阳沟》这个剧本，一共花了多长时间？

杨兰春：不说不知道，一说让你们吓一跳，我前后只用了5天半时间，是拼出来的。

笔　者：简直是不可思议，为什么在这么短的时间写出了这个剧本？

杨兰春：这是“大跃进”的原因，让我作难不轻。当时省里开了一个文艺会，要求尽快搞出成果来。省文化局冯纪汉局长找到我，要求我7天写出剧本。他扔给我两盒烟，哈哈一笑：“你考虑考虑，能写还是尽量写。”我看老冯这个人实在太好了，不写就是不给他面子，时间紧就紧点吧。于是就赶紧动手，硬着头皮用了5天半时间，终于把剧本抢写了出来。

笔　者：您为什么取材知识青年上山下乡这个富有政治意味的内容？

杨兰春：我当时没有考虑这么多政治内容，我只是有感而发，触景生情。50年代中期，知识青年上山下乡已作为一种新风尚开始出现。有一天，我看到几个青年披红戴花，骑着牲口，由鼓乐护送，三眼铳咚咚作响，爆竹声不绝于耳。这种热烈气氛使我激动不已，我想到了在抗日战争、解放战争时期，农民们敲锣打鼓放鞭炮，母送子、妻送郎参军参战的场面。过去是乡里人把子女披红戴花送到战火中，今天城里人把有文化的孩子送往乡下、送往山区，我为此而感动落泪。

我作为农民的孩子，此时此刻，新时代农民的自豪感，以及对自愿到乡下、山区当农民的学生们的崇敬之情油然而生。这时的创作既没有"知识青年要接受贫下中农再教育"的理性判断，也没有其他更多的思考，只觉得感情的冲动，要把它写出来。所以，那个时代过去了，知识青年上山下乡的历史也过去了，我们忘记了《朝阳沟》这些有局限的地方，记住的倒是《朝阳沟》中的真情。是感情的东西仍然感染着今天的人们，《朝阳沟》影响这么大的原因就在这里。

笔　者：大跃进时期所产生的艺术作品，到今天能够流传下来的极少，《朝阳沟》是一个例外的原因是什么？

杨兰春：可以这样理解。"大跃进"时期诞生的许许多多剧目，现在看大多数是不行了，主要原因是，当时写的东西应景文章多、趋时之作多，缺乏生活基础、缺乏真情实感。艺术是有规律的，艺术的规律在于情。

《朝阳沟》不是天生就好，她也是经历了许多磨难，才走到今天，不容易啊！"文革"中间，有人要改变剧本原貌，人们不接受，这不还是恢复了过来。

《朝阳沟》问世不久，我就被划成了"右倾机会主义分子"。60年代初三年大饥荒期间，我被下放到南阳方城县劳动改造。在"文革"中间，《朝阳沟》不知给改了多少回，批一次，改一次。江青说："《朝阳沟》是写中间人物的，作者是走资派，要让他好好改造思想，改变立场。"我们三团因为《朝阳沟》被诬蔑为"文艺黑线的黑样板"、"修正主义的黑旗"，最后硬是被砍掉。我被当作了"修正主义文艺黑线"的代表人物。

为了把我整惨，他们还利用我曾埋葬、移葬过五位烈士的事情，以"叛徒"罪名加害于我。派人到朝阳沟外调，逼迫乡亲们搞假证明，要他们说我是害死烈士的叛徒，移葬是为了掩盖罪行，等等。朝阳沟的乡亲们看不过去了。我清楚记得有一天晚上，一位老乡冒着政治风险赶到郑州向我报信，说："有人要整你，我们不答应，乡亲们知你的根、知你的底，俺们不会昧着良心说瞎话的。"

在修改《朝阳沟》的过程中，一些人曾竭尽全力要把《红灯记》中的"密电码"、《海港》中的"散包"之类的"中心事件"引入《朝阳沟》中。把拴保名字改为高山宝，让高山宝和银环之间的冲突，围绕一个"密电码"来展开。虽然前后完成 7 稿，每一稿都可独立成戏，但是越改越不像《朝阳沟》了，越改越不像我的作品。最后让我靠边站，由他人去改。

说到这里，杨兰春激动地站了起来，走到另外一个房间，从书柜里取出了一个纸包，打开一看，全是已经发黄的"文革"期间修改《朝阳沟》的各种本子。他非常痛心地叹息道："这 10 年硬是给浪费掉了，好可惜啊！要不然，不知又排演了多少部好戏。"

笔　者：今天的登封，已经没有了曹村，曹村这个地名改成了"朝阳沟"。在历史上，剧作家以地名作为戏名的例子很多，但是因为一出戏的影响，而把戏名当成地名的却极为罕见，您实现了这个罕见。请问朝阳沟这个名字，是什么时候正式挂牌取代老名字曹村的？

杨兰春：《朝阳沟》越演越好，影响越来越大。我们也常去曹村，和老乡一起劳动、生活，关系越来越好，感情越来越深。1976 年，正当"四人帮"最横行的时候，曹村的干部和群众联名上报公社，要求把曹村大队的名字改为"朝阳沟大队"。这年 2 月，朝阳沟大队的牌子挂了起来。4 月份，公社兴建的水库竣工，在群众要求下，也定名为"朝阳沟水库"。1978 年豫剧三团恢复，我们带着《朝阳沟》回到老家朝阳沟，来看望多年未见的乡亲们。当时的气氛热烈得很，方圆几十里的乡亲，成群结队涌来，每天晚上，都在朝阳沟山坡前来看《朝阳沟》。那种亲热劲就别提了，我至今还想着当时的情景。

笔　者：银环、拴保有没有生活中的原型？

杨兰春：银环这个人是有的，就在今天的朝阳沟。当时她只有十五六岁，劳动好，十分懂事，我用了她的名字，事情不全是她的。拴保是我老家一个青年人的名字，戏中的故事不是他的。

笔　者：哪几位中央领导看过《朝阳沟》？

杨兰春：1958 年 4 月，来河南视察的周总理在省军区礼堂看过。1964 年元旦，毛主席、刘少奇、朱德、邓小平、彭真在中南海怀仁堂看过。毛主席还接见了我们，这就是当时的照片。

杨兰春兴奋地拿出他和毛主席在一起的照片，就好像30年前的情景又回到了眼前。

二、我敢对天赌咒

笔　者： 听说您当过八路军，参加过解放战争，在打仗中，您是一位出色的机枪手，您怎么会阴差阳错搞起了与机枪手风马牛不相及的戏剧来？

青年时代的杨兰春。

杨兰春： 唉，说来话长。我是1938年参加革命，当时17岁，担任过村、区救会主任。1943年参加了八路军，后来又打老蒋，直到1948年洛阳解放。

笔　者： 您当年最喜欢干什么？

杨兰春： 我最喜欢当兵打仗。我打仗是好样的，我是个不怕死的人，现在我还喜欢穿绿军装。我今年75岁了，还喜欢军人作风，干干脆脆不绕弯子，直来直去，排起戏来这种作风更突出。我现在还觉得，我这辈子不写写战斗戏，实在太亏了。

笔　者： 您是怎样转入戏剧创作的，一搞就是50年？

杨兰春： 我在部队里爱出个洋相，说个快板，说个笑话，让战士们乐一乐，我们团里都知道我。我随地拣起两块瓦片一敲打，就可以说唱起来。就这样，部队首长看我能编善唱，出口成书，就让我去了部队文工团。说句实在话，我对戏剧这项工作没有多少兴趣，完全是服从组织的安排。我敢对天赌咒，我在少年时期、青年时期，连当戏剧家的梦都没有做过，因为在那个时候，我连戏剧家是干什么的都不知道。我本身的基本条件可以说不够干这份工作，我语不出众，貌不惊人，五音不全，十指不灵，我唱歌时张不开嘴，跳舞时伸不出腿，唉，还叫我搞文化哩。最叫我想不到的是，一搞就是50年，我竟然除了写戏、导戏、陪着戏曲过日子外，又确确实实没有干过别的事情。

笔　者： 这几十年，您编导过多少部戏？

杨兰春： 大大小小编导过近百部戏。现代戏主要有《小二黑结婚》、《刘胡兰》、

《朝阳沟》、《冬去春来》、《李双双》、《杏花营》、《朝阳沟内传》、《家里家外》和《山上山下》。传统戏有《香囊记》、《花打朝》、《秦香莲》、《卖苗郎》、《三哭殿》、《桃花庵》和《寇准背靴》等。

笔　者：在现代戏和传统戏两者之间，您更偏爱谁？

杨兰春：我更偏爱现代戏。现代戏更接近群众生活，更接近时代。毛主席《在延安文艺座谈会上的讲话》对我影响很大，我觉得戏剧不能离生活太远。新中国成立后，全国提出戏曲现代化问题，我也就把主要精力花在这方面了。

笔　者：您最喜欢您的哪一部现代戏？

杨兰春：我最喜欢的还是《朝阳沟》，她凝聚我的心血最多。我这里保存了不少《朝阳沟》的本子，这可是我的宝贝啊！你们等一等，我去那个屋给你们拿来看看。

杨兰春走进另一个房间，从书柜的最里面轻轻地捧出一摞东西，他像抱着自己的孩子一样，喜滋滋地把外面的旧报纸打开。展现在我们眼前的竟是这几十年中出版的各种各样的《朝阳沟》版本。我们数了数，有 18 本，里面还有连环画。杨兰春说："还有两个本子，我刚刚知道，稀罕得很，《朝阳沟》竟还有一个 1964 年中国音乐出版社出版的五线谱本，还有一个粉碎'四人帮'后为了接待美国人而编写的英文本。"

笔　者：不少人说，您是一个有脾气的犟老头，干起活来不要命，是这样吗？

杨兰春：是这样。我这个人脾气不大好，干起活来啥都忘完。排戏不要命，遇到不顺就发脾气，发完就没事，别人是怕我。在 50 年代一次彩排中，有个演员出了错，我就当着几百号观众，硬是把戏给停下来，让重演。我把排演厅、舞台当作战场，工作起来就像战士上了战场，各个部门严阵以待，男女老少谁也不能松懈。不管是谁，只要影响排演，或者影响了演出，我绝不留情面，批评起来，六亲不认。

笔　者：把一出戏真正写好、演好，经得起历史考验，最关键的是什么？

杨兰春：最关键的是热爱生活，写活人物，写出感情。我的观点就是：

三、生活有多深，水平就有多高

杨兰春：我是人民的儿子，是河南的小米饭和红薯把我喂养大的。我要经常到农村去，否则憋得慌。在"文革"后期，我有一次去豫北山区，当时犯有心脏病，为了防备出事，我就带上工作证，写了一张字条夹在里边："如果我的生命到此结束，请电告河南省文化局或省文联。”生活是我生命的主体啊，没有生活，哪有我们戏剧的生命？80年代初的一个春节，我想去方城县农村看看，那是我下放劳改的地方。当时我老伴正发高烧，卧病在床，但我想春节正好是了解农民生活变化最难得的机会，一定要去一趟。于是我就让孩子照顾他妈，我自己去了方城。

笔　者：你为什么常常和观众坐在一起看节目？

杨兰春：那是为了亲自观察观众的反应。最有发言权的是群众，观众的眼光不会错。戏好了，观众看上瘾了，你赶也赶不走。戏不好，观众想离座，你拦也拦不住。一出戏最有效果的宣传者，是那些看过戏的观众，他们才是最值得艺术家重视的“活广告”。我常派团里的同志跟随观众一同出场，目的就是听取观众的议论。观众喜欢的要保留，观众感到反感、别扭的要修改。戏演不到群众的心里去，戏怎么会在群众中扎下根？所以我说，生活根底有多厚，作品质量有多高，认识的人物有多深，笔下的人物就有多活。我主张作家对生活的体会要深，浅了不行。身子下去了，头也必须下去，否则，虽然我们和农民群众头顶一个天，脚踏一块地，而思想感情不一样。比如对待下雨这件小事，农民久旱盼雨，雨贵似油，而我们在农村却怕下雨，下起雨来泥里水里路难走。深与浅，一字之差，写出来的作品截然不同，深一点就真一点，观众相信一点，效果就强一点；浅一点，就假一点，观众不相信，不爱看。艺术源于生活，高于生活，没有源，怎么谈得上高。所以，作家、艺术家到生活中去，千万不能做客、摆样子。

笔　者：有人说您的剧本有一个特点，就是咋一看觉得不怎么样，可是一上舞台，戏就活了，这是怎么回事？

杨兰春：我的创作原则是，让老百姓听懂、看懂、爱听、爱看。我的剧本写成后，我要找个人给念念，听听顺不顺，能不能一听就懂。尤其要琢磨一下，上了舞台后，观众能不能听出味来、看出味来。所以，我写剧本“可看性”是第一位的，“可读性”是第二位的。我抓起笔写本子前，我的脑子里已经搭好了舞台。

笔　者：您最佩服哪一位作家？

杨兰春：赵树理。新中国成立初期我编写《小二黑结婚》这出戏时就认识了他，我称他是老师。有一次，我将自己收集的地方戏剧本唱段背给他听，他说：“很好，你就这么写，只要你家乡的婶子、大娘们喜欢，就行，就算写好了。”赵树理的这些话，影响我一生。他的书我都爱看。

我们作为年轻人，耳闻目睹了中国戏剧事业近10年渐入低谷的现实，作为一个巨大的问号，中国戏剧何去何从？我们问杨兰春如何看待当前的戏剧危机，问题的症结在什么地方。他的脸色骤然一变，语出惊人：

四、戏剧的危机是弄虚作假

杨兰春： 戏剧在当前是不景气的，我们应当承认戏剧存在着相当大的困难，应当承认戏剧的危机，不能捂盖子，说瞎话。现在就是有人不愿听危机这类话，没有危机感。我们不要怕危机，关键是有了危机怎么办？现在最大的危机就是弄虚作假，芝麻大一点成绩，说得比西瓜还大。物质上有假冒伪劣产品，精神文明产品中也有假冒伪劣现象。意见不能提，提了就是否定一些人的成绩，沾沾自喜，自己欺骗自己。这样下去，戏剧还有什么希望？

笔　者： 戏剧希望的标志在于拥有更多的观众，为什么现在的群众不爱看戏呢？

杨兰春： 还不是演的戏群众不爱看。这叫做对上负责，就是不对群众负责，搞出戏来，不是为了卖票，不是为了群众有好戏看，而是为了应付上边。其实上边好应付，只要内容好、思想好、政治好，就成功一半了。可是下边就难应付了，必须让群众喜欢看，喜欢到愿意花钱买票才行。上边认为好，下边也认为好，那才是质量高。

笔　者：《朝阳沟》在这几十年中获过什么大奖？

杨兰春： 上两个月收拾旧书报时，我才发现《朝阳沟》在1964年还获过一次奖。在这之前，我还不知道呢！

我们惊奇地追问那是什么奖？他小心翼翼地拿出一本书，书名是《马克思主义文艺理论丛书·毛泽东论文艺》，在这本书的扉页上盖了一个长春电影制片厂的章，其文字是："1963年度优秀影片优秀创作评奖。获奖者：优秀编剧奖杨兰春同志。"落款是"长影、影协"，时间是"1964. 4. 18"。杨兰春说："这可是个新闻，这个奖要不是最近翻东西翻出来，《朝阳沟》还真没有获得什么奖。"没有获过什么大奖的《朝阳沟》，却成为一座丰碑，永远耸立在人们的口碑之中、中国戏剧历史之中。

我们问当前的戏剧如何革新，他说："千万不能说假话，大家要拧成一股绳，勤勤恳恳，埋头苦干，集中高水平的队伍来编排，不能糊弄人。我曾经写过一首诗能表明我的思想：'未雕之璞不为贵，艺术求精莫求

杨兰春（右）和老朋友在一起。

奇。万物皆有不为艺，技巧并非巧投机。’为了戏剧革新，我今年虽然75岁了，也愿意加入敢死队，我情愿死在排演场上，干到最后一口气。”

这篇文章在上个世纪90年代中期首次发表过后不久，即引起强烈反响，一位研究杨兰春的传记作家，认同我的观点，在其著作中以《朝阳沟之父——杨兰春》，再次高度评价这位豫剧大师。由此，“朝阳沟之父”成为对杨兰春一生豫剧贡献的最准确的历史定位。

2009年底，88岁的杨兰春去世，根据杨老的遗嘱，他的骨灰分成两部分，一部分撒到登封的“朝阳沟”，这是他当年创作的地方；另一部分撒到河北武安“朝阳沟”，那片土地是杨兰春出生的地方。登封的人民为了纪念他，决定在朝阳沟建立杨兰春文化园，园内建有用白色玻璃钢制作的杨兰春雕像一座，在雕像东侧修缮有杨兰春当年下乡完成朝阳沟剧本初稿时曾蹲过的陈家窑遗址，最高处建有安放杨兰春骨灰的墓穴、墓碑，其后巨型石屏上刻有“中国戏曲现代戏奠基人”十个大字，东侧为“戏剧家杨兰春之碑”，刻写着其生平，为著名碑碣艺术家李铁成撰写，西侧为该园落成纪念碑。据大冶镇党委、政府负责人介绍，今后将以杨兰春文化园为龙头大力开发朝阳沟森林公园。成立朝阳沟景区开发公司，修建杨兰春纪念馆，把朝阳沟建成集吃、住、玩、游、购、娱为一体的综合旅游胜地。

常香玉简历：

常香玉，1923年生于河南省巩义市，原名张妙玲。著名豫剧表演艺术家。9岁随父搭班学艺演戏，曾拜周海水为师，学习小生、须生、武丑。16岁弃武戏专攻青衣、花旦。40年代初、中期在陕、甘演出。1948年创办香玉剧社。抗美援朝时率该社义演，捐“香玉剧社号”飞机一架，享“爱国艺人”之称。1956年入河南省豫剧院，任院长兼河南戏曲学校校长，后为发展豫剧事业，出资设立“香玉杯”影响颇大。曾演剧目：《拷红》、《花木兰》（曾拍成电影）、《白蛇传》、《破洪州》、《大祭桩》、《朝阳沟》、《李双双》、《红灯记》等传统和现代剧目。1952年曾获第一届全国戏曲观摩演出大会荣誉奖。2004年6月去世，享年81岁。

常香玉：中国豫剧的太阳

历史的年轮演进到今天，可以说，常香玉已经成为中国豫剧的代名词了。我们不管走到什么地方，只要你一提到她那响亮的名字，人们马上就会想到：常香玉就是豫剧。常香玉是我国豫剧事业中一座最高的山峰，是一面最鲜艳的旗帜。因为，她把豫剧这门艺术和我们这个民族的命运联系了起来，和我们新中国前进的脉搏一起跳动了起来。她许多次伸出同胞友爱之手，在抗日战争8年的腥风血雨里，处处义演、募捐，处处救灾、救民。在抗美援朝的枪炮声中，她又一次挺身而出，向我们的新中国、向我们的战士，捐献了一架能够杀敌的战鹰。常香玉的不平凡和伟大，就在于她高高站立于艺术之上，又大大跨越了艺术本身，做出了常人所不敢想、常人所不敢做的惊天动地的伟业。

一、情系舞台

笔　者：大家都知道您的名字叫“常香玉”。可是绝大多数关心您的朋友，都不知道您的真名真姓。您为什么要改姓改名呢？

《大祭桩》剧照。

常香玉：我本来不姓常，也不叫常香玉。我的真姓是“张”，原名叫“张妙玲”。我父亲叫张福仙。我7岁那年开始学戏，张家族长嫌我们家父女都演戏，伤风败俗，辱没了祖宗，不准我们再姓张。他们派人威胁说，要姓张，就不能演戏。我爸爸是个十分倔强的人，一气之下就改了姓。我有个干爸爸叫常会庆，对我们很好，我们就姓了“常”。为了表示与张家族长彻底决裂，把我的名字也一并改了。他们说古代有个西楚霸王，叫“项羽”，是一个英雄，叫这个名字好。可是他们不知道“项羽”这两个字是怎么写的，就把“项羽”两字误认为是“香玉”。从此以后就正式用了“常香玉”这个名字。这是1934年的事，那年我11岁。现在看来，改个名、改个姓不算啥，而在新中国成立前，那可是一件大事情啊，改了姓，死后就不能进祖坟了，这是对祖宗最大的不孝不敬。当时，我爸爸为了生活，为了演戏度日，也就顾不上这些了。

笔　者：您从事豫剧事业有多长时间了？

常香玉：从1930年开始，已经整整65年了。

笔　者：在65年的艺术生涯中，您演出过多少部戏？您最喜欢哪几部戏？

常香玉：我演过上百个剧目，有传统戏，有现代戏。后来，我经常上演的传统戏有《破洪州》、《大祭桩》、《三哭殿》、《花木兰》、《拷红》、《白蛇传》、《五世请缨》和《桃花庵》等。在这些戏当中，影响最大的还是《拷红》、《花木兰》和《破洪州》。

笔　者：《拷红》这个戏演出了多少年？

常香玉：从1936年王镇南、史书明两位先生编写《西厢记》算起，已有59年了。

笔　者：您演的红娘很有生命力，大家都很喜欢这个活泼、天真、泼辣的形象。现在，红娘已经被您演得走下了舞台，走进了人民心中。“红娘”这个词

常香玉在1956年豫剧《花木兰》中的剧照。

儿，已经成为促成青年男女美满婚姻的热心人的专有名词了。可以说，您塑造了一位中国爱情使者的形象。

常香玉：我对演好红娘倾注了很大感情。这个剧目所表现的争取婚姻自由、反对封建礼教的主题，我特别喜欢。

笔　者：《花木兰》这部戏，据统计已经上演了1000多场次。一部戏上演这么多场次，欢迎的场面又是如此热烈，这在中国戏剧历史上恐怕是一个奇迹。

常香玉：这部戏不管是我演，还是别的同志演，都受到普遍欢迎。《谁说女子不如男》那个唱段，至今还受到人们的喜爱，就说明了问题。

笔　者：《花木兰》后来被拍成了电影，这部电影在豫剧历史上具有什么样的地位？

常香玉：《花木兰》是在1956年3月被东北电影制片厂拍成电影的，这在豫剧历史上是第一次。

笔　者：您演过哪几部现代戏？

常香玉：豫剧历史上第一出现代戏《打土地》，是我主演的。那是 1938 年，由王镇南先生写的剧本，是写抗日的。可惜这个本子已找不到了。新中国成立后我又演过不少现代戏，如《李双双》、《柳河湾》、《人欢马叫》、《朝阳沟》、《海港》、《杜鹃山》、《红灯记》、《母亲》、《于无声处》等。在现代戏中，我最喜欢《李双双》、《红灯记》和《杜鹃山》。

笔　者：毛主席最喜欢您的哪一部戏？

常香玉：《破洪州》。

笔　者：毛主席是在哪一年看的这出戏？

常香玉：1959 年春天，中央第一次郑州会议期间。毛主席看过演出后，还给周总理写了一封信，推荐进京演出。当年 9 月我们进京，参加国庆十周年献礼，10 月 2 日晚在中南海怀仁堂演出，毛主席、周总理、彭真等领导都观看了演出。

笔　者：新中国的开国领导人，是不是大多看过您的演出？

常香玉：是的。有毛主席、刘少奇、周总理、朱老总、邓小平、陈毅、叶剑英、宋庆龄、彭真、李先念、邓颖超、康克清、蔡畅，等等。看我演出的领导人很多，我一下子说不全。

《红娘》剧照。

笔　者：您获得过国家颁发的艺术奖项吗？

常香玉：获得过。那是 1952 年 11 月，在全国戏曲观摩会上。一同获奖的还有：梅兰芳、周信芳、程砚秋、盖叫天、王瑶卿、袁雪芬。地方剧种获得大奖的只有袁雪芬和我。这是豫剧首次在全国获大奖。

笔　者：您在 1994 年获得了“亚洲最佳艺人终身艺术成就奖”？

常香玉：是的。这个奖是美国纽约美华艺术协会颁发的。这是豫剧首次在世界上获得荣誉。

笔　者：豫剧能够发展到今天，从一省之剧，走上一国之剧的行列，影响波及16省，成为在全国打得响的数一数二的大剧种，您的功劳可以说是不可磨灭。

常香玉：说实在话，豫剧能够发展到今天这个样子，确实不容易。这是整个豫剧界奋斗不息的结果，光靠哪一个人根本不行。

二、国家意识

笔　者：《花木兰》是一部具有强烈爱国情绪的戏，为什么会诞生在50年代初期？

常香玉：我们这些从旧社会走过来的人，对新中国有着特别的感情。我们这些艺人，在解放前，被人瞧不起，在那种兵荒马乱、社会治安很差的情况下，过着惶惶不可终日的生活，整天提心吊胆，没有人身安全和自由。可以说是四处飘零、处处是家，是在死亡线上苦苦挣扎。1949年9月25日，我在甘肃酒泉终于盼来了解放的日子，过上了安稳的生活，新政府把我们艺人当人看待，我们是感激不尽的，总算有了奔头。就在这个时候，美国发动了侵略朝鲜的战争，他们的目的很清楚，就是要从朝鲜打过来，消灭我们新中国。我们当然不能答应了。当时全国上下人心很齐，抗美援朝是最大的事，我能为国家做点什么呢？只能把戏演好，鼓舞人们的士气，于是就选择了《花木兰》。

笔　者：您向我们的志愿军捐献了一架苏制战斗机。您当时想过没有，这将是多么艰难的工作啊！这需要付出多么巨大的毅力，去筹集那天文数字般的货币？这个壮举让人热血沸腾。

常香玉：我至今想起那段永远忘记不了的往事，也是热血沸腾。那多好啊！那种气象、那种场面真是鼓舞人的斗志。我当时想，我们的战士在前方浴血奋战，不怕吃苦不怕死，我们在后方苦点、累点算个啥！再苦再累也要挺过去，不筹足买飞机的钱誓不罢休。

笔　者：筹集这笔巨额资金花了多长时间，演出去了哪些城市？

常香玉：我们去了开封、郑州、新乡、汉口、武昌、长沙、广州等7个城市，从1951年8月7日启程，到1952年2月7日结束，整整半年时间，一共演了178场。

笔　者：最后筹集了多少钱？

常香玉：平均每天筹集1千万元（旧币，下同），每场演出平均也是1千万元，除了路途演出开支，最后以15.27亿元超额完成了任务。这个钱直接交给

“香玉剧社号”飞机。

了中国人民抗美援朝总会，郭沫若会长发来贺电。我因此而获得了“爱国艺人”的光荣称号。我总算能为国家做点事了。

笔　者：您当时多大年龄？

常香玉：我28岁。

我们可以设身处地的想一想，一个28岁年龄的青年人，下这么大的决心，承担如此重大的历史使命，这是何等的艰难？今天的同龄人，又有几人敢于有如此的承担。试问我们今天的年轻人，当你迈过28岁的时候，又做了些什么？这正是常香玉超出常人之处，她代表了一种精神，这便是“国家兴亡，匹夫有责”的精神。

常香玉沉浸在回忆之中。我们继续追问：“那架雄鹰参战了吗？”

常香玉：参战了。现在这架飞机已经退役，保存在中国航空博物馆。只不过名字改了改，原名叫“香玉剧社”号，现在叫“常香玉”号。

笔　者：您这种不屈不挠的爱国主义思想是怎样形成的？

常香玉：是在抗日战争时期形成的。我耳闻目睹了日本人在中国犯下的滔天罪行。日本鬼子用飞机轰炸开封、郑州、西安，到处是浓烟滚滚，到处是难民，许多人被炸死炸伤，我们戏班的师傅就被炸死一个、吓死一个。从前线运回来的伤兵更惨了，到处是血水和痛苦的呻吟。我多年积攒起来的最心爱的戏箱，也被迫扔在了开封。后来黄河决口，日本人进了河南，乡亲们都往西边跑，几十万人，那种惨景，让我不堪回首。后来我为啥要为咱们河南的难民义演募捐，就是实在看不下去了，不忍心啊！我爸爸常常告诉我："宁可饿死，也不能做亡国奴"，他还在《破天门》这出戏中，加上一句抗日的新词："取了大阪地再平东京"。演出时，这句新词赢得了满堂喝彩。我还演过抗日戏《打土地》，观众情绪高昂，最后高呼"打倒日本帝国主义！"。所以，抗日战争这难忘的8年，大大培养了我的爱国主义思想。后来，为了筹集买飞机的钱，再苦再累我也不怕，我老是怀念那个时代，我总是爱演保家卫国的戏，这种戏有劲。

是啊！当我们每个人把自己的事业融入祖国命运之中的时候，我们的身上，就会迸发出无穷的力量，这个力量可以使我们排除万难，充满生命的乐观和信心。我们这个民族之所以不可战胜，就是因为每当我们民族危难当头之时，就有千百万仁人志士挺身而出，顶天立地，他们是我们中华民族的脊梁。

三、老人与海

笔　者：我们查阅有关资料，您这一生处处行善，特别的同情穷人，这是为什么？

常香玉：这些都是我应该做的，也是我情愿做的。我是穷苦人家的孩子，我知道困苦的生活是多么难受。我本人在解放前就要过饭，向别人乞讨过。

笔　者：少年时期逃荒要饭的经历，对您产生了哪些影响？

常香玉：我乞讨过好多次，还差一点被狗咬着。一到冬寒春荒，我们家里就揭不开锅，不去要饭就过不去。这种经历磨炼了我的性格，使我特别同情穷人。我在解放前，经常搞义演募捐，是为了灾民能吃饭、为了孩子能上学。我没有更多的力量去救助更多的灾民，但是，我是尽全力去做了。

笔　者：您的性格特点是什么？

常香玉：从不服输，嫉恶如仇，说话直来直去，不绕弯子，心里不搁事，脾气急，干啥事非干好不行。作家李凖说我是"拼命三郎"。

笔　者：听说您身上有两处肋骨被截掉了，那是怎么回事？

常香玉：还不是为了演戏。1940年8月份，我在三门峡陕县带病演出，当时我仗着年轻，满不在乎，一直演了三天，实在受不了，顶不住了，晕倒在舞台上。经检查是脓胸，医生说没有太大希望，让家里准备了一口白茬棺

常香玉在戏校讲课。

材，当时我才17岁。为了这病，大夫冒着危险为我开了刀，前后两次，截了两根肋骨。这个病折腾我一年多，总算把命捡了回来。但是从那以后，武功戏就不能再演了。

笔　者：您现在身体怎样？

常香玉：腿上有毛病，骨质增生和风湿性关节炎。眼睛上的病是青光眼。总的看，体质还挺好。

笔　者：您在65岁高龄的时候，为什么还要带病“率团出征”，筹资设立“香玉杯”艺术奖？

常香玉：1988年我到武汉参加艺术节，组委会在闭幕式上，奖给我一个“香玉杯”。我当时想，能不能以这个杯为名，设立一个长期性的豫剧艺术奖，也算我晚年为大家办了一件好事，这个钱全由我自己出。省委赞成我的看法，于是我就在1988年的5月1日正式承包了省豫剧一团，在巩县、西安、宝鸡、咸阳、三门峡、洛阳等地奔波几个月，演出80多场，最后筹集了22万元，这个奖就设了起来。现在已评了好几届，获奖的有50人左右，全是中青年。他们是豫剧的希望和未来。

笔　者：在这个物欲横流的社会里，您把金钱看得很淡，这是为什么？

常香玉：我认为人这一生，就几十年，很快就过去了。如果光是为自己打小算盘，没有给这个社会留下点有益的东西，这一辈子不值，算是白活了。我看还是工作第一、艺术第一，钱第二。钱是工作和艺术的附属物，是身外

常香玉为“香玉杯”获奖演员颁奖，勉励他们继续为戏曲事业努力。

之物，够花就行了。没有钱不行，连出个书都很困难。但有了钱，应该更多地考虑社会，因为我演戏挣的钱，都是来自社会。我乐意搞义演募捐，我觉得这更有意思、有意义。钱光给自己花，那有啥劲！我这辈子不会花钱，我身上经常不带钱，几十年了都是这样，我是一门心思演好戏。

笔　者：您的家里怎么尽是些旧式家具，屋里也没有装修，生活太简单了，简单得让人不敢相信。

常香玉：我对生活要求不高，你们看到我的家就知道了，你们坐的这套沙发，就是我自己设计定做的，简单方便，不喜欢什么豪华的真皮沙发。我的家里也不搞装修，地面是水泥的，墙是石灰抹的，桌子是旧的，柜子还是我们结婚时用的，已有50多年了。啥叫好，自己感觉好了，就是好。手表只要走得准就是好表，饭只要吃得香、吃得得劲就是好饭，衣服只要穿着舒服就是好衣服，自己用着舒服、看着亲切的家具就是好家具。

我不喜欢吃面食，比较喜欢吃大米，还喜欢吃青菜。我的胃口好，不挑食。我有个怪毛病，每天不到午饭时就饿，所以我在早上这一顿，总要留点饭放到11点钟垫垫，否则很饿，撑不到12点。饿的时候吃半块馍，或者买点花生豆吃吃，今天我要吃的是蒸菜。

说到这时，常香玉从沙发里站了起来，说道：“还真有点饿了。”我们一看表，果真到11点了。她走出客厅，走进厨房，我们也一同进去，怀着好奇心，看看这位老人到底吃点什么。只见常香玉从橱柜里拿出一个小碗，碗里是荆芥拌面做成的蒸饭。她一边走着，一边吃着，很快吃了个精光，喝了一口水，又坐回到沙发里，继续说："我的生活就是这么简单。物质享受是有限的，而精神上的享受才是无限的，才是最有意思的。我到外地出差，最怕睡席梦思床。"

笔　者： 现在城市里上档次的宾馆都是席梦思，那您怎么办呢？

常香玉： 对此我真是犯过难。但我也有办法，我往席梦思床的边上睡，边上硬实一些，睡着还可以；中间太软了，不行。有一次我不小心，睡着睡着竟从床上滚到地下，我干脆就睡到地毯上，那样睡还挺牢稳。

笔　者： 您为企业做过广告吗？

常香玉： 邀请不少，一个不做，我不爱做那种事。现在假货太多，企业的产品好不好，对消费者有没有好处，我根本就不摸底，还要说如何如何好，这是害人！我不干这事。

笔　者： 您出访过哪些国家？有什么感想？

常香玉： 我出访过 8 个国家。1952 年我随同宋庆龄、郭沫若参加了在奥地利维也纳召开的世界人民保卫和平大会，后来又到匈牙利、苏联、蒙古。1953 年到朝鲜。1988 年我参加全国人大中法友好代表团到法国访问。1989 年去了泰国。还去了一趟日本。通过出访，我最深的体会是，艺术要为人类和平做贡献，我们的艺术应当走出国门，和世界文化进行交流。

四、三个遗憾

笔　者： 每个人在自己的人生路途当中，总有一些令人遗憾的事情。您回首一幕幕往事，有没有无法挽回的遗憾呢？

常香玉： 有。我有三个遗憾是无法挽回的，只能让年轻一代去思考了。因为，时光不可能倒流。

笔　者： 哪三个遗憾？

常香玉： 第一个遗憾，就是我少年时期，因家里穷而未能上学，文化水平低，影响了我的艺术发展。为了弥补这一点，我现在很自觉地坚持学习，每天上午抽出时间读报纸、杂志、专业书，收益不小。

第二个遗憾，就是我演出上百部戏，留下影视资料的只有两部，一部是传统戏《花木兰》，一部是现代戏《人欢马叫》。现在想补拍也拍不成了，因为我年龄大了，体形变了，声音也变了，根本表现不了当年的风采了。

第三个遗憾，就是在我 43 岁至 53 岁这个盛年时期，出了“文革”，使我失掉了人生当中最好的 10 年，我痛心疾首啊！

笔　者：您在 10 年“文革”中处境如何？

常香玉：处境惨了。这 10 年中我被禁闭了 5 年，我的家被抄了 7 次，啥都没有了。全国点名批判要打倒的两个戏霸，南边是周信芳，北边就是我了。批斗我时间之长，花样之多，在全国是出了名的。我的绝大多数资料被成箱成箱地抬出来，用火烧了。我的钢丝带也被用斧头劈了。他们为了毁我面容，使我永远不能上舞台，就在批斗我时，从背后猛地推倒我，要不是我反应快，我的面容肯定就毁了，当时我的膝盖被磕得鲜血直流。

笔　者：很多文化界的知名人士都是在“文革”中含冤自杀的，您是怎样挺过来的？

常香玉：我好多次想自杀，只十分痛苦地想过一阵子，后来就不想了。一是我想，我死了以后孩子怎么办？二是我老伴在一次劳动中递给我一个小纸条，大意是：要顶住，党和毛主席还会用你，顶住就是胜利。正是这样，我在“文革”中还偷偷练唱，蒙着被子唱，不让看管人听见。在果园看苹果时还唱，一直唱着挺了过来，亲眼看见了“四人帮”的倒台。

常香玉（右一）和姚雪垠夫妇（左一、左二）在一起。

笔　者：“四人帮”被打倒后，您是不是出于十分高兴的心情，在全国唱起了郭沫若的《水调歌头·粉碎“四人帮”》这首词。您唱的那首歌在当时影响太大了，直到今天，我们还记忆犹新。

常香玉：是这样，当时我很高兴，郭老的这首词表达了我的心情。演唱这首词时，我本人还未解放，没有什么乐队给我配合，我只好清唱了。没想到，一下子风靡全国。郭沫若还两次来信，并通过电台负责人向我祝贺、感谢。

笔　者：您在“文革”中被扣发的工资达一万多元，您为什么把这笔巨款全部交了党费？

常香玉：我认为“文革”错误是我们党的重大失误，应当好好吸取教训。但我也相信，我们党一定会拨乱反正、改正错误的。我正是怀着这个信心，才没有自杀。我也正是怀着这种心情，把那部分钱交给了党。这是我的一片心。我真诚地希望我们党再也不能犯“文革”这样的重大错误了，耽误不起啊！

李準简历：

李準，1928年生于河南省孟津县，2000年2月去世，享年72岁。他是我国当代著名作家。1953年，他在《河南日报》发表的短篇小说《不能走那条路》轰动文坛，《人民日报》等全国四五十家报刊转载了这篇小说，《文艺报》等刊物也纷纷发表评论。1954年调河南省文联从事专业创作。此后几十年中，不断发表在全国有重大影响的作品，如《一串钥匙》、《李双双小传》、《两匹瘦马》、《两代人》、《耕耘记》、《清明雨》、《大河奔流》和长篇小说《黄河东流去》。《黄河东流去》于1985年荣获第二届茅盾文学奖。李準还以极大的热情进行电影剧本创作。他于1958年创作的电影剧本《老兵新传》拍成电影后获1959年莫斯科国际电影节银质奖，之后又创作了《冰化雪消》、《小康人家》、《耕云播雨》、《李双双》、《龙马精神》、《壮歌行》、《大河奔流》等电影剧本，他根据长篇小说《李自成》改编了《双雄会》，根据小说《灵与肉》改编了《牧马人》，还改编了《高山下的花环》等电影剧本。李準是我国解放以后成长起来的第一代有影响的作家之一。

李準：不倦的思想者

光阴像火箭一样，飞驰而过，我们尊敬的诞生于黄河两岸的著名作家李準先生告别这个世界已经5年了。在他的忌日马上就要到来之时，我突然想到了他，他的音容笑貌如同电影，再一次映现在我的大脑屏幕中。我两次拜访他，一次是1995年的9月23日，一次是1997年的3月3日。2000年初他去世的消息传到我的耳边时，我迅速赶到位于北京虎坊桥李準先生的家中，在他的遗像前三鞠躬，表达我的哀思。那三鞠躬的地方，正是我当年采访他的地方。

一、"运动文学"的教训太深了

我们在李凖先生的家中，话题是从诗人苏金伞身上谈起的。因为那一天，我和苏老的两个女儿苏冰惠、苏力平以及女婿王可先生，一同拜访了李凖。李凖非常高兴地说："见到你们，就很高兴。苏老对我太好了，我的品质中有一半是来自苏老。在我最倒霉的时候，我得益于苏金伞。"

苏金伞的两位女儿说："李叔，爸爸很想您，老是惦记着您。我们应该常来看望。我们来得少了，这是我们的不对。这次小蒋来采访您，我们也有好多问题要向您请教，所以就一同过来了。"

笔　者： 您是来自河南的大作家，在您的心目中，河南是个什么样的形象？

李　凖： 咱们河南人被别人称作侉子，有一股侉子劲。这个"侉子"，不完全是贬义词，它也算一种爱称，传达出河南人一种天真、幽默、爽朗、笨拙、有种的气质。黄河文化培养了河南人的大气，不干则罢，要干就干出个样子。孬就会孬出个样子，好就会好出个样子。前不久，中央电视台《焦点访谈》节目播了这样一个新闻，安阳一个农民骗子，竟以大外商的身份在北京骗了上百万元，北京人竟然相信，你说怪不怪。我非常热爱河南，我是八十年代初离开河南到中国作家协会的，在那天欢送我的告别会上，我动情地讲了这样一番话：我走了，但郑州还有我四个孩子和一个老人，这个老人就是画家谢瑞阶，我离他远了，请大家代我多去看看他，尽尽孝心。我这一生所做的事情，没有欠过别人的账，只是对苏金伞作过一次违心的批评发言，使我一生感到内疚。

大诗人苏金伞特别喜欢李凖的坦率，我和同事李毓梅曾经拜访过90岁高龄的苏老，他亲口告诉我们："李凖可是个天才，是语言上的天才，我写过一幅字送给他，评价他是'大才天成'。"

笔　者： 您在改革开放初期，说过一句发人深省的话："人未死，作品就死了。"这句话很尖刻，实际上这是您对过去历史的一种深刻反思。您为什么提出这么一个观点呢？

李　凖： 我们以前搞"运动文学"的教训太深了。"运动文学"就是文学跟着运动走。建国以来，我们搞政治运动，一个接着一个。每一次政治运动来临，都要求文学紧跟其后，要求文学图解政治，否则，作家就要遭到批判。

"运动文学"给我们中国文学事业造成的危害大极了！以前还不大清

楚，觉得文学在当时挺热闹的，作用也挺大的。其实，运动一过，那个历史时期一过去反过来回头一看，才发现“运动文学”的危害，才发现我们竟走了这么长的弯路。

我曾看过英国人写的一个东西，他们研究社会主义国家为什么在很长时间内没有产生大作家和大作品。他们认为马克思主义本身没有什么问题，问题出在建设社会主义的过程中，过分强调了文学必须为政治服务。我国解放以来也是如此。很多在解放前成名的大作家，在建国以后竟然没有写出大作品来。这是个谜啊！我们的运动太多了，我们要求作家紧跟形势跟得太紧了，作家哪里有时间站在更高角度、用自由的精神去写作大作品。政治上错了，文学作品也跟着错，就要遭受批判，大家心里害怕啊。政治老是变，作家也跟着变，如此下去什么时候能写出好作品、大作品？即使写出来，也是一时的，肯定不会长久，跟运动越紧，作品死得越快。

笔　者：那依您看，文学和政治到底是一种什么样的关系？

李　凖：文学家一定要有思想家、政治家的眼光和胸怀。不懂政治，生活的帷幕就不会为你打开。有了政治意识，你就会看得比较深、比较远。但是，文学家讲政治，不是讲“运动文学”，不是图解政治，而是站在更高、更远的角度为政治服务。我们应当揭示出人类的真善美，用文学去潜移默化地塑造人们的心灵，这才是为政治最大、最好的服务，不真、不善、不美，谁信？尽是假的东西、丑的东西，怎么去感动人、教育人？所以，文学家讲政治，就是讲真善美，就是要挖掘人性中崇高的东西，就是要更多地宣传人道主义和人类的仁和爱。这样的作品才能影响全世界。

笔　者：李先生，根据您提出的标准，您如何评价自己在改革开放之前所写的作品呢？

李　凖：很惭愧，很内疚，我以前没有意识到这一点。打倒“四人帮”后也没有意识到，当时还为自己以前的作品沾沾自喜，自以为是。到了1979年春天，《大河奔流》这部电影的失败，才使我感到震惊，冷静下来，在痛苦之中反思，否定自己。我才真正意识到，《大河奔流》仍未摆脱“高大全”、“三突出”的阴影，仍然沿袭了样板戏的创作原则，把真实的人物夸大了，把复杂的生活简单化了、公式化了。所以啊！千万不能人为去拔高或压低小说人物，生活里是怎么样就怎么样。没有这一次彻底的反思，我可能就完了。正是否定得好，我才跳出了老框框，才写出了《黄河东流去》。

二、读人比读书更重要

李準先生是语言的天才、是安排人物细节以情动人的天才，他在《黄河东流去》这个荣获茅盾文学奖的大作中，描写刻画了几十个人物，再现了近千个细节，读者朋友一定会问：这些人物和细节都来自他什么时候的观察和积累呢？为此，他讲了自己创作的关键：“我认为，生活是文学家的土地。作家只有深入到生活中去，才能进行创作，单靠读几本书，就要写出好作品，那是不大可能的。我个人的体会是，生活积累得越丰富，灵感就越多，创作冲动就越大。

我曾讲过这么一段话：到自己最熟悉的生活河流里去放船，在这个河流中，你可以左右逢源，可以纵横驰骋，可以去粗取精，而不会捉襟见肘。我有一个好习惯，每到一个地方，只要时间稍长一点，总要交两个说话生动、掌握群众语言较多的朋友。和他们交谈，听他们讲话、发言。学习群众语言，不光是说歇后语，而是学习他们形象、生动、活泼的语言。我在写《李双双》时，用了一句话：‘鸡子叫天明，鸡子不叫天也明！’这句话实际上是一位老大娘讲给我的。所以，人要多交一些能说会道的朋友，这些‘故事篓子’是宝贝。正是这些朋友，帮助我积累了丰厚的生活素材。”

下面就是李準采集的民谣民歌，我们将其摘抄几段，大家便可了解李準是如何收集生活素材的：

①铁打链子九尺九，
哥拴脖子妹拴手，
哪怕官家王法大，
出了衙门手牵手。

②老太太，泪汪汪，
坐在炕上骂“中央”＊，
先把鸡子吃个净，
又把油瓶倒个光，
箱子、柜子翻一遍，
鞋子偷了好几双。

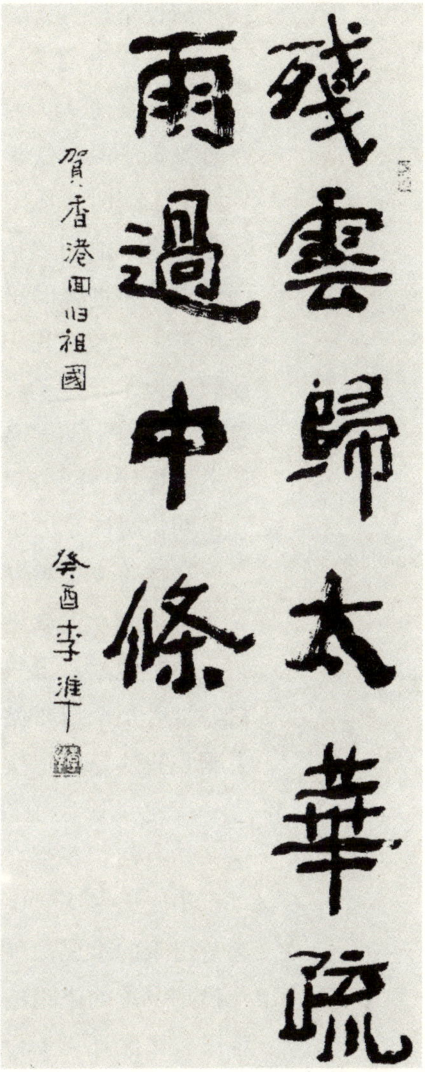

李凖书法作品。

③小鸡娃，唧嗺嗺，
要吃天上饿老雕，
地里兔子会撵狗，
家里老鼠会捉猫，
扫帚顶上结樱桃，
你看奇巧不奇巧。

④蚂蚱精、蚂蚱精，
蚂蚱本是土里生；
高低庄稼吃一空，
好像来了日本兵。

⑤地是聚宝盆，
有地才有人。
地是黄金板，
有地就有脸。

⑥月亮光再亮，晒不干谷子。

⑦人吃土一辈，土吃人一回。

⑧灾年谣言多。

⑨女大自巧，狗大自咬。

（＊指旧中国时期的国民党中央军）

笔　者： 就长篇小说《黄河东流去》这部小说来讲，这里面的生活素材是怎样逐步积累起来的？

李　凖： 这个积累，时间可长了。我从13岁那年对黄河决口所造成的灾难，就有了亲身体会。1941年夏天，我和几个同学流亡到西安，准备考当时的国立五中。我们从洛阳启程，背着行李，带着干粮，由洛阳挤上向西去的难民火车，活像沙丁鱼罐头一样，一个紧挨一个挤在车里。当时的陇海路是一条“饥饿的走廊”，从黄泛区逃出来的难民，成千上万躺在铁路沿线。到处是乞丐，到处是饿死的难民尸体。这种大饥荒的惨状，给我幼小的心灵留下了深刻的伤痕。

由于日寇从黄河北向潼关开炮，火车只通到闵帝镇，然后下车走旱路过潼关一段，整整走了两天，才到东泉店车站。我们准备继续坐火车到西安。当时，成千上万的难民往车上“扒”。我们5个人一商量，由我看守行李，他们“扒车”，占好位置再叫我上车。不料火车来后，大伙一拥而上，挤进去的出不来，挤散的也互相找不到。结果他们4个人挤到车皮顶上，却把我一个人留在下边站台上，还有4个行李。我正跑着喊他们，火车开走了。这时，天又下起了大雨。我一只鞋子被水冲走，光着脚去饭摊上买了俩包子，刚要往嘴里吃，却被一个要饭孩子抓走了。他大约比我小两岁，一双眼胆怯地看着我，为了抢包子，他先向包子上吐了两口唾沫。

我拖着4个被淋湿的行李到一个席棚下面避雨，刚站了不到半个钟头，一个胖女人就掀开草帘子向我要五毛钱。我说只是在这席棚下站一会儿，她说站一会儿也要给钱。我身上已经没有几元钱了，不敢再花，只好带着4个行李站在大街雨地里。我浑身被大雨淋得湿透，我到哪里去啊？我这是第一次离开家，西安在何处？火车怎么搭？我根本不知道。这一夜使我长大了许多。什么是战争？什么是饥荒？人是怎么饿死的？这一切一切，我都有了深刻印象。

第二天黎明时雨停了，这时我才看清，地上有不少死尸，都是河南逃荒出来的难民。就在这样的死亡线上，人们还有强烈的同情心。我向几位刚下车的逃难的伯伯叔叔们诉说了我的遭遇，他们居然帮我挤上了难民车，又把4个行李递给我。用当时流行的一句话说：到哪儿没有行好的人！

笔　者：除了这次您的切身体会之外，解放以后您对黄泛区还做过调查没有？

李　凖：1950年，我到黄泛区的一个村子进行调查。这个村子在黄河决口这场灾难中死绝的有28户，被黄水淹死和因旱灾饿死的有208人，还有72人找不到下落。在一所倒塌的茅屋里，我还看见了一家大小5口人的骨骸堆在一起。他们是大水来的时候抱在一起死的。

1969年，我作为“黑帮”分子，被赶到黄泛区农村劳动改造，在这里住了3年。刚开始，农民不敢和我讲话，时间长了，他们发现我并不是个坏人，他们觉得我很家常，也很平易近人。慢慢地，在一起劳动休息时，他们也喜欢和我在一起。后来他们知道我有文化，就让我为村里

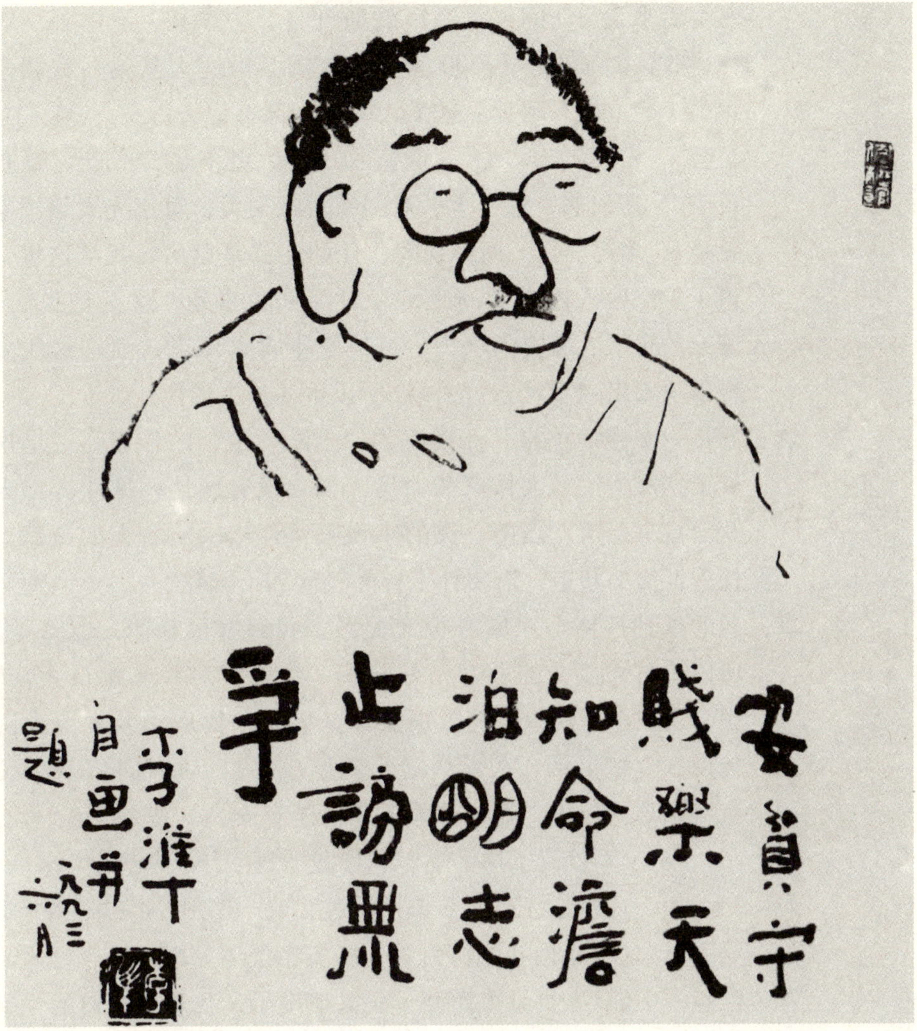

李準自画像并题记：“安贫守贱，乐天知命。澹泊明志，止谤无争。李準自画并题，一九九三年六月。”

死了的老人写悼词。第一次他们让我写的是悼念村东头一个老贫农。他逃荒到陕西后，靠宰牛生活。当时他每天把一大锅牛肉汤，分给逃荒去的同乡们喝，就这样救活了 100 多口人。他自己一辈子没有讨个老婆，可是操持着自己三个兄弟都成了家。他有个小弟弟，他娘卖出去两次，他追去抱回两次。后一次，他找了 3 天。后来发现他弟弟的一个印花布小棉裤搭在一家门外绳子上晒着，才找到了他弟弟。我把这些事写成悼词，主持人在会上一念，很多人都哭了。以后就传出去了，都知道有个写祭文的老李。就这样，我写了三里五村老人们的不少祭文。其实这都是一部部真实感人的难民家史。

后来我又访问了黄泛区的通许县、中牟县、淮阳县、郑州花园口公社，收集的家史不下200家。在扶沟县海岗大队的一次调查中，我激动得几个晚上没有睡觉。这个大队的支部书记告诉我："咱们这儿不能开诉苦会，一开诉苦会，人就像疯了一样。要不是共产党，哪有老百姓的好日子。"所以啊，这个大队对国家贡献很大，每年光卖给国家的小麦当时就是50多万公斤。而群众呢，住的还都是草房。我从这里，开始真正懂得了黄泛区人民对党的感情、对国家的热爱。这正是我们民族的灵魂、国家的脊梁、历史的动力。可以毫不含糊地讲，没有这些生活积累，我根本写不出《黄河东流去》。所以生活最主贵！

笔　者：您是一个感情丰富、性格鲜明、幽默感很强的作家。正是这种性格，成就了您成为一名大作家的命运，如果没有感情，见什么都无动于衷，能写出富有感情、震撼心灵的小说吗？性格决定着人的命运，那么，一个优秀性格的塑造，需要什么样的气候和土壤呢？

李　凖：我的这种性格与家庭有很大关系。我们家很和谐，也算是个书香人家，所以小时候接受的教育稍好一些。我母亲对我影响很大，她爱交朋友，很会讲故事，说说笑笑，很幽默。另外，我从小爱听大人讲故事、民间传说和幽默笑话，久而久之，就形成了自己的性格。我也读了不少书，我特别喜欢杜牧、苏轼和曹雪芹，还有李白。曹雪芹的《红楼梦》太好了，我15岁就读了这本书，它使我懂得了什么叫感情。

我一直想好好写一下李白。杜甫在《饮中八仙歌》中非常传神地描绘了李白："李白斗酒诗百篇，长安市上酒家眠。天子呼来不上船，自称臣是酒中仙。"真是太潇洒了、太浪漫了。我喜欢李白的性格，喜欢他藐视帝王尊严的气质。在中国历代诗人中，能博得人们广泛热爱的，恐怕要以李白为第一人了。李白好酒，酒店老板可以和他成为莫逆之交。我们中国有很多酒店，至今还在灯笼或酒帘或招牌上写上"太白世家"、"太白遗风"等字样。这是老百姓对李白这位大诗人自发性的、发自内心的纪念。

所以，综合下来的结果，使我形成了这样的性格特点：爱激动，好动感情，好流眼泪，幽默、奔放、热情。性格上的弱点是：懦弱，情绪波动大。

我的家庭非常好，我十六七岁和董冰结婚，一直到今天。我们有6个子女，他们生活得都很好。我们是娃娃亲，3岁就订了亲。董冰是穷苦人家出身。母亲说她长得不好，但心好。她向来不串门，不说闲话，只干自己的事。有这样一个老婆，我无后顾之忧。结婚几十年来，我们没

1996 年，李準（中）夫妇与蒋晔在家中合影。

有吵过一次嘴，没有红过一次脸。我们互相照顾，生活得很美满，孩子们常说："我妈是圣母。"我老伴原来是个文盲，她全是靠字典自学。我们家那本新华字典，已经让她翻得不像样子了。我常常向她求教，因为她比我更熟悉农村。她还是我作品的第一位读者，我的作品只要在她眼里能通过，就算差不多了。我塑造的人物形象，多数是以我和她最熟悉的人物为素材的，董冰对我的作品最有发言权。她是我的一面镜子，她没有虚荣心，她常常提醒我不要老是在别人面前炫耀自己，不要老是看人家的短处。所以我说啊，我既是董冰的丈夫，又是董冰的儿子，是她征服了我，她的品质比我高尚。

李準作为一个不倦的思想者，是无愧的。他虽然已经离开我们 5 年了，但是他那不倦的思想，直到今天仍然焕发着青春活力，令我们不得不去回忆他、追思他。

靳尚谊简历：

靳尚谊，1934年农历十一月出生于河南省焦作市。他是我们新中国培养起来的第一代大学生、第一代研究生。他在油画创作上的杰出贡献，掀起了20世纪80年代中期我国一大批艺术家向古典主义吸收营养的热潮。他的主要油画作品有《送别》、《十二月会议》、《长征》、《画家黄永玉》、《鲁迅》、《孙中山》、《彭丽媛》、《瞿秋白》、《医生》、《果实》、《蓝衣少女》、《晚年黄宾虹》、《塔吉克新娘》等，他出版的著作主要有《靳尚谊油画选》、《靳尚谊肖像作品选集》、《靳尚谊素描集》、《我的油画之路》、《素描谈》等。他曾任中央美术学院院长、全国政协常委、中国美术家协会主席、中国文联副主席等职。

靳尚谊：用艺术呼唤万物之灵

靳尚谊先生的书房并不很大，但很有风格、特色，紧紧凑凑，凌凌乱乱，紧凑、凌乱出一个大画家的气质。只见那书房四周，全是印制精美的大型画册，全是悬挂着的靳先生本人精心创作的油画作品，整齐的排列、无序的堆叠，洋洋洒洒，无拘无束，使书房满屋生辉，也使我们满目灿烂。

一、长征路上的油画

在1996年的采访中，靳老师说在他的生活当中，心目中最崇拜的人物是毛主席。

笔　者： 毛主席的思想，对您的一生产生了什么影响？

靳尚谊： 我特别佩服主席的性格和诗词。他那浪漫主义和乐观主义的精神，具有无穷的感召力；他敢于斗争、敢于胜利的战天斗地的性格力量，是个巨

1995 年 9 月 22 日，作者蒋晔（右）拜访靳尚谊先生。

大的磁场，凝聚着全党、全军和全国人民。主席的诗词，更是气壮山河，气势宏伟，那奔腾壮丽的绝唱，都是前无古人、后无来者。正是因为我爱主席、我爱主席领导的中国革命，才走上了以这一时期重要历史为题材的油画创作道路。

笔　者：您 15 岁到中央美术学院读大学，那是 1949 年。4 年后，您又攻读了研究生。您是我们新中国培养出来的第一代大学生、第一代研究生。从您走入中央美院这个艺术殿堂到今天，已经几十年了。从资料上看，这 40 多年中有一半的时间，您投入了中国革命历史题材的油画创作。

靳尚谊：是这样，我研究生毕业后不久，就开始创作这一历史题材的油画了。1959 年，我的第一幅作品《送别》问世，当时我 25 岁。从那时开始，这种题材的创作一直进行到 1979 年，整整 20 年时间。大家对我油画的认识、了解，也就是打这儿开始的。

笔　者：通过这一时期创作的所见所闻所感，您最留恋什么？

靳尚谊：我最留恋长征，最留恋为歌颂长征而创作的两幅作品：《送别》和《长征》。

笔　者：在中国人的心目当中，长征是一曲悲壮的颂歌。我们在读主席诗词时，发现有这么一个规律，他诗词创作的高峰期恰好在长征前后这两三年内，他一生最好的作品也诞生在这两三年内。如我们熟悉的《菩萨蛮·大柏地》、《清平乐·会昌》、《十六字令三首》、《忆秦娥·娄山关》、《清平乐·六盘山》、《七律·长征》、《念奴娇·昆仑》和《沁园春·雪》。这个事实说明，毛主席越是在最困难、前途命运最难预料的时候，他越是充满了浪漫主义激情。这正是他的伟大之处。在这个时期的诗篇中，那些不朽的名句永远感染着我们。

靳尚谊：是啊！我很赞同这个观点，主席的诗词具有极高的艺术魅力，正是这魅力吸引着我画好《长征》。我的《长征》油画曾叫《踏遍青山》，其意境就是取自主席的诗词《清平乐·会昌》：

东方欲晓，
莫道君行早，
踏遍青山人未老，
风景这边独好。
……

我就是怀着这样一种不可遏制的感情，投入到描绘长征的油画创作之中的。

除了这之外，还有一个非常重要的原因就是，我国20世纪50年代中期以后，在政治上和经济上犯了很多错误，浮夸风、共产风，加上自然灾害，造成了50年代末到60年代初的经济衰退。在此困难面前，是鼓舞人民战胜艰难？还是看不到前途、悲观失望？我觉得还是应当斗志昂扬、乐观向上。这个时候的困难再大，也比不上长征那个时候的千难万险。正因如此，我决定用艺术再现长征，让人民从中得到启发。也正是在这个时候，1957年的《诗刊》杂志发表了主席在长征前后创作的一组诗词，给了我极大的振奋。

为了找到创作灵感，我到井冈山、瑞金、延安等革命圣地搞调查。由于是实地考察，见闻真切，感受更接近于历史事实，对长征的理解更为深刻，这就与当时的“左”倾宣传口径不一致了。为此，我的两幅油画蒙受了不白之冤。最不幸的是，《送别》和《长征》这两幅作品还没有真正问世，就被枪毙了，并因此而失踪了。

笔　者：这两幅画有可能是真失踪，也有可能是假失踪。当年，《毛主席去安源》这幅画，不就是失而复得吗？但愿您的这两幅油画，也能够幸运地重见光明。靳老师，这两幅作品是如何构思的呢？

靳尚谊：1959年，中国革命博物馆为了开馆，邀请我画了《送别》。整个构图是：第五次反围剿失败了，红军开始长征。天空乌云密布，黑黑沉沉，群众在村头桥边依依不舍地送别红军队伍，母亲送儿子、妻子送丈夫、孩子送父亲，民兵要留下坚持斗争。整个画面是低沉的、悲壮的、坚强的。

《长征》则作于1963年，构图是：毛主席带领红军战士，正在奋力攀登长征路上的一座大山，郁郁葱葱的山连绵不绝，黑压压的天空让人沉闷，天边的一丝光芒是一种象征。整个画面也是低沉的、悲壮的、坚强的。

由于我的这两幅油画出现了较大面积的乌云，出现了忧郁、忧伤、悲壮的色彩，而没有把长征开始时描绘成热烈的气氛、胜利转移的气氛，所以就遭到了打击。

笔　者：在那种"左"倾思想已经开始盛行的50年代末、60年代初，这两幅油画遭受打击，我们看应当属于正常，不被打击才属于不正常。那时，人们只能说好的，不能说坏的，只能说光明、英明，不能说阴暗面和错误。所以，那个时候的历史教材都是篡改过的，不真实的东西很多，其实是一种政治读本。这恰恰掩盖了我们党的伟大。没有困难，哪有胜利？没有低谷，哪有高潮？这个最浅显、最客观的道理，在那个时候都被扭曲了。我们在七八十年代读大学时所使用的《中国现代史》教材，还有好多禁区呢！更何况五六十年代了。这些所谓禁区，在今天看来十分可笑。所以，您画的《送别》、《长征》，提前揭示了长征这段重大历史的部分真实，"左"倾思想当然不能容忍了，挨批是必然的。

靳尚谊：是这样。1959年，我为中国革命博物馆绘制《送别》，为的是这个博物馆正式开展时悬挂使用。当时搞了一次预展，请中央领导来审查。康生看过预展后，对《送别》这幅画很不满意。他说，这幅画调子太低沉、太悲观了。长征开始时，是一次革命高潮的来临，大家应当兴奋、高亢一些。这幅画毛泽东思想不突出。后来，博物馆正式开展，《送别》就不挂了。"文化大革命"开始后，我的这幅画被作为"黑画"参加了"黑画展"。展出之后，《送别》就真的别了，不知去向了。

《长征》这幅画先是参加了展出，后来又在全国巡回展出，影响较大，但谁也不敢公开发表，原因还是有乌云、不热烈、没有突出毛泽东思想。1965年，这幅画去框后被卷成一卷送到中央美院的油画系。这一年，我们美院正进行社会主义教育运动，业务教学都停顿了，我去了河北邢台搞"社教"。第二年，"文革"开始，《长征》就在当时形势很乱的情况下丢失了。这两件宝贝丢失，太可惜了。但愿它们被有心人所收藏，如果真是这样，保护了下来，那可是我的大幸。

靳尚谊：您在改革开放之前的近20年时间内，可以说创作了许多中国革命历史题材的油画。这个时期的创作，对您来说有哪些收获？

靳尚谊： 主要有两点：第一点是，大量的创作使我获得了艺术上的锻炼。从一开始构思广阔场面，到后来的不由自主地把广阔场面，浓缩为近乎肖像画，并且收到了意想不到的效果。这一过程使我对自己的特点，有了更多更深的感受，使我发现自己更偏爱用单纯、简练的构图，用尽可能少的人物，来反映丰富的社会内容。这种渐渐明确起来的意识，使我从此找到了适合自己素质和特点的油画语言。这是我艺术道路的一个重要转折点。没有这个时期的艺术感受，就不可能有日后的艺术转折。

第二点是，我从革命历史中所汲取的精神营养，启发我站在画布前不仅思考的是历史问题、革命问题，而更多的是已开始思考人生的价值和对世界的探索。在构思中，我最来感情、最冲动的，还是对人的精神世界的展现。这一点影响我至今。总的来看，这 20 年是我油画创作的锻炼期，是思想的储备期。没有这个时期的反复探讨、实践，也就没有美国之旅那种强烈的感受。

二、美国之旅的震撼

笔　者： 您的油画语言风格之所以会在 80 年代初期发生更大变化，我们觉得，这与中国的改革开放有很大关系。改革开放使东西方文化交流加快了频率、速度，促使很多中国人重新换一种角度、视野，去理解人生和世界。人生的转折，不管是生活上的，还是艺术上的，都不可能立竿见影、唾手可得。转折是一个过程，是量变向质变的转化进步。

靳尚谊： 改革开放以后，全国形势一天比一天好，艺术环境宽松多了，各种文化交流日益频繁，油画界在思考着如何求变求新，我也在思考这一问题。从今天看，我的艺术转折分两个阶段。

第一个阶段，从 1979 年开始到 1983 年为止，主要是寻找欧洲传统艺术与中国传统艺术结合在一起的可能性。此后的 3 年间为第二个阶段，主要是通过古典主义画风表现万物之灵。1978 年，我到山西永乐宫、甘肃敦煌考察，中国古代壁画中那优美的造型、流畅而富有弹性的线条，以及那平面装饰的效果吸引了我。1979 年，我有幸作为中国艺术教育考察团成员出访西德，考察了波恩、西柏林、科隆、汉堡、纽伦堡、法兰克福、慕尼黑等地的艺术博物馆，并到艺术院校观摩。在那里，我看到了丢勒、提香、莱勃尔、波提切利等艺术大师的原作。

回国以后，我就开始着力探讨东西方两种艺术传统的结合问题，创作了一批具有平面装饰效果倾向的作品，如1979年的《归侨》、1980年的《求索》和1981年的《画家黄永玉》。这些作品有意识地削弱人物形象的明暗对比，采用平光使人物和背景相协调。

靳尚谊为青年时期的彭丽媛所创作的油画。

笔　者：通过对您的资料的研究，我们觉得，您的这个探索大约有4年时间，但从总体上看，这个时期仍然是您的画风走向成熟、艺术道路走向黄金阶段的过渡地带。此后开始的您的第二个阶段的变化和思考，这与您到美国很有关系。由于您这次始于1981年的考察，不是浮光掠影、走马观花，而是带着问题、带着思考去的，并在那里考察了一年左右的时间，所以收获颇大。这个艺术实践告诉我们：没有文化的交流与碰撞，艺术的火花是根本撞不出来的，艺术那美丽的凤凰也不可能火中再生。任何民族的文化都必须开放，否则，夜郎自大的封闭，恰恰是本民族文化走向衰败和没落的捷径。

靳尚谊：的确如此。美国之旅开阔了我的视野，我的审美理想、艺术追求发生了很大的变化，我的作品也因此走上了一个新阶段。在美国考察期间，我在西部参观了许多著名的艺术博物馆和旧金山美术学院、奥克兰美术学院，并在纽约市立大学东方艺术系讲学。我看到了更多的艺术大师的油画原作，有更多的时间对原作进行仔细研究。这些艺术大师的原作，给了我很大的震动。

过去在国内看到的艺术大师的作品，都是通过印刷品来了解的。由于印刷质量的问题，在我的脑子里一直认为文艺复兴时期、那些古典主义风格的作品不怎么好，看不出有多少风采，似乎与今天遥远了点。可是，我到美国一看到那些原作，还有在其他国家看到的原作，那种艺术的精美，原作的气势、细腻、色彩，以及整个欣赏环境，让我有一种震撼的感觉，真是美不胜收。

可以这么说，看不看原作，对一个艺术家的成长来说，相当重要。每一个看到过原作的人，对印刷品都失去了往日的兴趣，印制得再好，也没有原作好。那种您欣赏原作时所感觉到的光线与色彩的变化刺激，使您兴奋。展览原作的地方那立体的、宏观的环境，是什么样的印刷品都无法取代的。可以讲，我到了美国之后，一改我对欧洲古典主义作品的看法，并开始倾心研究这种古典主义风格。

笔　者：我们在阅读新华社原社长穆青先生的文章时，他也谈到过这一重要感受。他去意大利的米兰，在那里看到了达·芬奇的杰出作品《最后的晚餐》。他讲那种感觉绝对和以往不一样，是一种真正的艺术享受。您作为一位杰出的艺术家，当您欣赏、研究那些传世的艺术作品时，您有什么新的艺术感受？

靳尚谊：首先，我悟到了欧洲油画中存在着的强明暗体系的特征，几乎所有的画面都处在顶光、侧光和半侧光之中，从而形成一种层次丰富、体积浑厚而明暗莫测的特殊美感。而且，我发现这些大师的作品，既忠实于人物对象，又与对象有相当的区别，主观加工程度非常大，已经超越了个性局限，带有理想化色彩，更多地表现了画家自己的审美观和个人情趣。所以，从那时开始，我便注重把欧洲油画的那种厚度、体积因素和人物的抽象化结合起来：画面既是浑厚的，又把人物个性减弱；不再满足于简单地再现对象，而是要在人物上体现出我的情绪和对世界的看法。

其次，就是思想上的启发。这些艺术大师所展示给我们的那种古典主义风格，那种对人文主义精神、对理想追求的宣扬，使我认识到，人们之所以怀念、珍重意大利文艺复兴运动那个时期，就在于那个时期所弘扬的人文主义精神、所追求的一种理想，使那个时代焕发出勃勃生机，诞生了一大批杰出的思想家、文学家、艺术家。

我们今天更应该汲取历史的这些丰富营养，重视精神文明的建设。人不能没有理想，不能丢弃精神世界，不能太自私自利了。改革开放以后，我们开始重视人的个性、重视人的价值，这是对的，这是一种进步。但重视物质利益，不等于就抛弃、甚至蔑视精神文明。这两样东西，对一个人来说，都是同等重要的。可是，就有一些人，在改革开放之后就开始浮躁起来，似乎只有钱才最重要，理想没有了，人和人之间的感情淡漠了。

更使我十分苦恼、困惑不解的是，一些在“文革”中相当积极的人，在今天终于撕破了假面具，表现得特别自私，特别不好。这类人，不是一个两个。这到底是怎么一回事？看来这些人以前的积极、以前的革命，都是假的，完全是一种投机，根本不是信仰。这种欺骗别人也欺骗自己的行为，使我百思不得其解。我们的社会这样发展下去，行吗？人类社会没有理想生活，人活着还有什么意思？发达国家的人民非常重视人的品德修养。我们社会主义国家的人民，难道就不需要高尚的情操？我认为，精神生活、精神享受，才是人生的最高追求，它和物质生活一样，伴随着我们的一生，伴随着我们人类的进步。

为了宣泄我对现实生活中屡屡出现的这类事情的不满，为了使我对理想的追求有一种寄托，我就以饱满的热情，以像当年描绘长征一样遏制不住的创作激情，将我的理想、将我的宁静、将我对世界的认识，纷纷融入古典主义的画风之中，让画中的人物、让人物的眼睛和心来说话：人一定要真实。人是万物之灵。人要有理想，要有更美好的理想。

正是在这种思绪之下，作为万物之灵的人，富有灵魂的人，此时此刻纷纷集中于靳尚谊的画室，走进他的画框，走入人们的心田。

笔　者：我们非常喜爱您这一时期的人物肖像画，这些油画让我们一下子安静下来，思索起来。靳老师，您最喜欢的作品有哪几幅？

靳尚谊：有《塔吉克新娘》、《自然的歌》、《瞿秋白》、《青年女歌手》、《蓝衣少女》、《果实》、《孙中山》等。这个时期是我创作的丰收期。

的确如此，在这个时期，靳尚谊先生的每一幅艺术作品，都是杰出的，都是那样地令人不可忘怀。那柔和、单纯、微妙、含蓄、典雅，吸引着观众驻足画前，屏息静气，认真思索；那高尚的宁静美、理想美，就像春风春雨，滋润着、纯洁着每一个观众的灵魂。那美丽的画面、那纯洁的心灵，真的让你心动心跳。他在艺术上的探索是成功的，因为他的艺术语言让人们读懂了，读出了心灵的震撼，读出了社会的共鸣。

三、走出王府井

笔　者：靳老师，您是一个在艺术追求上不知疲倦的画家，您不断地走出自己，攀登上一座座更高的山峰。您目前又在思索什么？

靳尚谊：我现在觉得油画语言仅仅展现人的理想美还不行，不足以表达我的思想。我认为，艺术更应当展示人类的生存本质，表达人性的崇高美，更应站在人性、人类这个角度来观察世界、洞察人生。

我这个探索从1987年就开始了。《医生》这幅作品表现了我的一些

靳尚谊油画作品《塔吉克新娘》。

思想：作品背景是一个幽暗的、放大了的B超荧光屏所显示的人的肝脏部分，医生在沉思，人从哪里来？又到哪里去？最近，我又在研究中国文化的抽象化与艺术的关系，正在创作《晚年黄宾虹》，想把写意与油画语言结合起来。我现在特别关注中国文化的深刻内涵。中国文化博大精深，了不起，它给人以想像的空间，是产生大艺术家的文化。这一点比西方文化厉害得多，深刻得多。

笔　者：谈及中国文化，我们的体会是，中国文化博大精深，中国文化在当今的进步，需要有一个前提，那就是改革开放。不改革开放，中国文化的精华就会遭到湮没，而沉渣泛起的是毒素。这一点正是伟大的五四运动提出打倒孔家店、中国要德先生、赛先生的根本原因之所在。没有民主、没有科学，中国文化的优秀品质就发挥不了更大的作用。所以，我们认为，中国 17 年来的改革开放才使我们的民族文化焕发了青春，我们的艺术才有了更高的境界。

靳尚谊：我们优秀的民族文化，要是和经济建设真正结合起来，那就更不得了。对艺术家来说，最害怕的就是艺术家的眼睛只停留在一个地方。艺术家的眼睛和思想，只有更自由、更开放，才能创造出更好的作品来。胸怀有多大，眼光有多远，创造力就有多大。

艺术家的修养极为重要，画家本人是否具有乐观主义态度，对当代社会的认识是否成熟，以及胸襟是否开阔，都直接影响着画家的艺术发挥。因此，这些意识都毫无保留地、完完全全地表现在画面上。我认为，艺术是心里流淌出来的情感，情感有多真，艺术就有多真，这一点是假不了的。艺术的情感是大、是小，是乐观、是沮丧，一看画就知道了。所以，我十分看重画家个人的精神状态。精神积极，他的艺术作品就积极；画家悲天悯人，他的作品也是如此。艺术家良好的素质十分重要，艺术家要走出自己的小天地。

笔　者：今天的改革开放为艺术家走出自己、走出国门、走向世界、走向广泛的文化交流，提供了真正的可能性。改革开放使中国人的胸襟真正地大了起来。可见，进步与视野有关，前进与胸怀密切相连。封闭、狭隘，只会造成更大的贫穷落后，吃亏的是自己，而不是别人。

靳尚谊：哪一种艺术都不能故步自封、闭门造车。艺术只有开放，不断地开放，才能创造出新的艺术灵感来。我们中国的油画艺术也不能照抄照搬西方的，具备我们民族特色的油画艺术才能进入世界艺术的先进行列。否则，我们永远是人家的学生。日本在这方面曾走过一段弯路。我现在就力图使东方文化和西方艺术结合在一起，把中国文化抽象、写意的优势发挥出来。这是我们走向世界，和欧洲艺术大师们进行平等对话的关键。“中国特色”正是我们不同于他们的地方。

笔　者：李政道博士最近就科学和艺术问题，邀请了许多著名画家发表感想、见解，在北京举行了很有意义的研讨。您参加了这个活动，就艺术和科学之间的沟通问题，有什么观点？

靳尚谊：这是一个非常有创造价值的研究活动。中国艺术的抽象性、模糊性，以及它所具有的对宇宙、对世界的认识，对于当代自然科学的发展，确实

靳尚谊在中央美术学院家中画室一角。

有很重要的启迪作用。艺术和科学虽然是两个完全不同的学科，而且表面上看，差异极大，一个是形象思维，一个是理性思维，但你仔细琢磨一下，艺术和科学却有很多共同之处，两者是相互联系、密不可分的。

站在艺术的最高峰、科学的最高峰，都可看到同样的风光。就个人来讲，大科学家都很喜欢艺术，艺术丰富着科学家的灵感；大艺术家都喜欢了解科学技术的进步，而且必须具备科学的思想，否则，你就不了解艺术工具的进步和新的科学思想对艺术的冲击。我就非常关注油画颜料的新产品，以及光学知识。李政道博士对艺术的特殊爱好，就更不用说了。

笔　者： 中央美术学院是我们中国美术界的最高学府，您在这里已经任职院长9个年头，您将如何驾驶这艘航船，驶进下个世纪的新时代？

靳尚谊： 把中央美院迁往新址，走出王府井这个已经很小的地盘，走出这个越来越小的胡同。站在培养人才、多出成果、强化世界交流这个百年大计的高度来考虑，走出王府井是大势所趋。

当我们告别靳先生，走出王府井大街的时候，我们在想：中央美术学院走出王府井的迁址，难道是一个寓意深刻的象征吗？这不仅是中央美术学院正在发生的一个事实，同时也是我们中国正在进步的事实。走出王府井，是一个象征，是一个意境，只有走出去才有希望，走出去才有出路！一个人如此，一个学校如此，一个民族如此，一个国家更是如此。

张海简历：

张海，1941年生于河南偃师，中国书法家协会主席、著名书法家、活动家，第八、九、十届全国人大代表，第十一届全国政协常委，国家有突出贡献专家。他擅长真草隶篆多种书体，尤以隶书广为方家称道。所书自然畅达，朴茂苍古。后呕心沥血，自创“草隶”，遂被当代书界誉为“张海风格”。其作品曾赴西德、芬兰、新加坡、日本、加拿大、法国、韩国、香港、台湾等国家和地区多次展出，并参加全国第二、三、四、五、六、七届书法篆刻展览，日中代表书家作品展，中新书法交流展，世界和平年书展，中日书道交流展，日中著名书家百人展，中华人民共和国现代书法名作展等各类展览。作品被收录于《中国新文艺大系》、《现代书法选》、《古今书法选》、日本《临书大系》等百余种作品集，国内博物馆、碑林多有收藏、刻石。出版有《张海隶书两种》、《张海书法》、《张海新作选》、《张海书增广汉隶辨异歌》等。

张海：黄河文化的使者

1995年2月14日下午，我们来到张海先生在郑州的家“友石斋”，他的夫人、书画装裱艺术家杨凤兰女士，笑吟吟地端着茶水迎着我们走来。坐在书案旁的张海，一缕黑发在额前飞扬着，一抹白发隐约于额上正中，飘逸如这位书法家的“飞白”笔意。

一、书法改造了我

笔　者： 张先生，在您的人生经历中，最终选择了书法，书法也选择了您。这在您的生命中意味着什么？

张　海： 是我国源远流长的书法艺术哺育了我。我深深地挚爱这门艺术，因为书法改造了我。其实，我搞书法，只是小时候的一种兴趣，开始并没有想

张海书房。

当书法家。

1974 年，我在北京荣宝斋学习装裱技术，同时向在荣宝斋工作的徐之谦先生学习书法。中午休息时揣摩装裱的名家作品，下午下班后，在琉璃厂浏览碑帖，晚上则练书法到深夜。整个学习期间就是这样度过的。学习结束时，扛着大包的碑帖，却没了回家的路费。

笔　者： 著名书法家费新我先生对您产生了哪些影响？

张　海： 在安阳工作期间，就和费新我先生认识了。那时，他已经 76 岁高龄了，我那时不到 40 岁。在这十几年交往中，来往次数很多。1978 年，邀请他到安阳住了一个月。现在细想起来，对费老确实是有点过意不去啊！当时只寄了 150 块钱的路费，确实是太少了。费老来到安阳讲课，并写了 20 多件作品。现在任何一件都是珍品。在当时，他没讲任何报酬，没有什么架子，对咱来说确实是个教育。费老为人好，做学问认真，对我影响很大。

有一次，他写了很多作品，第二天还要走，我说我给你盖章吧，他说可以。结果盖了一幅，他说不行不行！你这个章盖得太潦草了，不认真。我想，盖个章只要盖上不就行了，所以用劲不大。而老先生盖章，摁来摁去，全身的力气都用上了。我想他是把盖印章作为创作不可分割的一部分，真是一丝不苟。以前咱马马虎虎，从那以后，我知道搞书法创作任何一个环节都不能疏忽。

费老57岁以前用右手写字，右手坏了，用左手写，最后成为左笔书法大家。他对书法艺术的这种献身精神，非常可贵。既然我已走上书法创作道路，我想我就应该为这个艺术献身。后来省里恢复文联，我从安阳调到省书协，开始走上专业道路。这时候，才意识到书法对我个人的重要性、对社会的重要性。这样的概念是慢慢地明确的。

现在，公务之余，便静下心来搞创作。是书法成就了我、改造了我，我要对得起书法、对得起这些职务。只有书法更上一层楼，才算称职。为书法艺术所付出的艰辛是常人难以想像的，我不能松懈啊！

笔　者：张先生，您在书法创作中最感欣慰的收获是什么？

张　海：我学习隶书数十年了，一分耕耘，一分收获，终于有所突破，也就是书法界所谓的“草隶风格”。

二、“草隶”风格

笔　者：您的“草隶”风格，是怎样一步步形成的？

张　海：这种风格，是说我的隶书以汉隶为本，掺入汉简和行草书的气韵，具有新意。不少评论者曾在国内外的一些专业报刊上著文，肯定了这种探索。这种风格的形成，主要是受着创新愿望的驱使，在传统中多年游泳碰撞之后，逐步看到朦胧的路，一步步追索到的。我这数十年来，潜心于汉碑简牍之中，主攻隶书。“草隶”的形成则是在不断探索、渐变的过程中，定格定在了这个位置上。

我初学隶书时没人指导，因见到一本汉碑范本，觉得那字很美，就没日没夜地临写起来，不知临过多少遍，也记不起来临了多长时间，反正在高中和大学的数年间，业余时间除去打球，就是临碑。之后又陆续练了一些有代表性的汉碑。如《乙瑛碑》、《史晨碑》、《礼器碑》、《张迁碑》等。清王澍在《虚斋题跋》中写到：“隶法以汉碑为极，各碑各出一奇，莫有同者。”的确是这样，我深为汉碑的魅力所吸引。广泛的临写使我领略到了汉碑的风范，对其规矩也能得之于心，但没有多大进步，直到专注于《封龙山碑》才开始了新的起点。

初见《封龙山碑》，似乎一下子找到了与自己内心审美完全合拍的对象，真是相见恨晚，一见钟情。对我来说，惟《封龙山碑》正合我意。于是，我决心在《封龙山碑》上下功夫。我把《封龙山碑》通临了数遍之后，收效很大，无论是大章法、小章法、结构规律还是用笔变化，都已谙熟于心。这算是自己学习隶书的第一个阶段吧。但是，你不能永远停留在自己原有的水平上。

笔　者： 创新是艺术的生命，您在书法创新上，是如何超越前人的？

张　海： 我是这样理解的。行草书在诸种书体中最便于利用点画结构变化抒发性情、反映个人意志，但与隶书有点水火不相容，机械地套搬可能产生没有任何遗传基因的怪相，不伦不类。经过一番深思熟虑，我选择了由汉简入手。

创作指导思想明确以后，能不能成功仍是个未知数，因这绝非几种不同风格书体点画的简单拼凑，而是要将三者有机地合而为一，达到水乳交融的地步。这并不是件容易的事情。行草多了，没有隶书的味道；隶书过重，又难以有明显的特色而别于汉隶；简书多了，又可能失于草率。此时，深知不能急于求成，我按照自己的想法和心中构想的形象反复试写，一个字用多种结构表现体味，发现有新意的写法挑出来，然后再行筛选。看看哪些字还没有摆脱原来的结构模式，就重新揣摩，最后居然全篇和谐统一，且有新意。

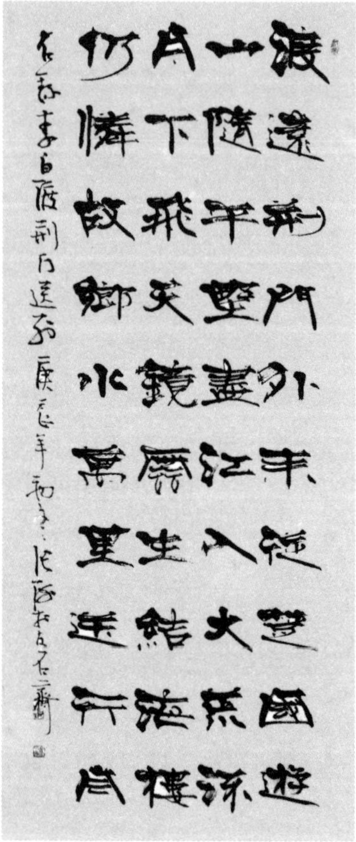

张海书法作品。

又经过一个时期的反复和不断巩固，就形成了自己独有的这种风格。我这大致定型的书法放在众多的隶书作品中，差别是大的，特点是鲜明的，不论结构、用笔都与人有不同之处。这应当说是书家个人的个性、经历、教养、胸怀、志趣发而为书的结果，也是形成了自己的面目并区别于他人。

笔　者： 张先生，书法创作上要想突破自己，是一件很难的事情，您现在社会活动特别多，担任的职务也很多，那么，如何在艺术上寻找自我的突破？

张　海： 我想，自己越是担任更多的社会职务，越是不应该满足于自己现在的艺术创作水平。我要对得起这门艺术，就必须每时每刻去追求创造力的实现。

我认为，作为一个艺术家，更有海纳百川的胸怀，只有这样，才能

2010 年，春中共中央组织部部长李源潮（左一）在张海（左二）陪同下，在中国美术馆参观“张海书法展”。

成就自己。然后创造出来的艺术，才能跟古人不一样，这是一种治学的态度。同时，任何一门艺术都应该是创新的。对创新的理解，我认为，创新不能离开传统这个东西。应该说，只要你在继承传统的基础上能有一点明显异于前人之处就算成功。就是说一看没有离开古代的传统，再仔细一看又确实跟前人不同。拿来历代的碑帖，找不着与你这个造型一样的，有一点明显不同的地方，这就行了——我觉得应该这样理解。我这个观点，沈鹏先生还是非常同意的。他为我的作品集所写的序言《创造力的实现》中这样写道：

读张海同志自述学书的文章，几乎是一种享受。我从这篇文章了解他的经历，更因为找到了许多切近的观点而感到兴奋。若能早看他的文章，我新近发表的《自我的发现和肯定》可能会写得更丰富些。

张海所说“只要你在继承传统的基础上能有一点明显异于前人之处就算成功”，我以为是关于继承与创新关系的一种很好的表述。这种表述既表明了继承与创新的一般规律，也有他独到的体会。这种表述可能有人以为“不过瘾”，然而却是真正对待“创新性”的诚实态度和认真精神。……现在我们看到的张海，是趋向丰富与多样。说丰富，主要指作品内涵不局限于某家某派某种风味；说多样，主要指张海掌握了多种书体。张海最为人熟悉的隶书的面貌是他“众里寻他千百度”得来的，这些年来又继续寻到了许多新感觉，取得令他与观者一起为之欣喜的收获。

沈鹏先生的评论是中肯的。现实中的张海一刻也没有停步。他在小字行草获全国奖之后，又潜心大草和一笔草。特别是近年来的行草书，更广泛受到书界的关注。

三、我们不能再等待

笔　者： 张先生，您在河南安阳工作了很长时间，这里是甲骨文的发源地，而甲骨文又是中国书法艺术的源头。您以大量的精力，投身于河南书法艺术事业的复兴，这是出于什么考虑？

张　海： 中国是书法大国，我们河南是黄河文化的发祥地，是中国书法艺术的摇篮。很长很长一个时期，我们河南的书法事业落伍了。为了振兴中原的文化，我们不能再等待！

我刚调入省书协的时候，省书协在全国排的位置很靠后，但是通过这么多年的努力，河南书协在全国成了举足轻重的协会了。其实很简单，你只要热爱这项工作，你就自然会想些办法。社会上的事就这么回事，你只要下决心去做，准成。你不做，光空想不行。1981 年我到省书协以后，不是陷入日常工作，而是带着新老作者大江南北地走，广泛地交往。回来之后，将培养创作骨干作为首要任务。为宣传书法，我曾陪同王学仲教授，一个月跑遍了郑州、洛阳、开封、新乡、安阳等地，每到一地，或组织讲学，或举办观摩展，层层发动，鼓励更多的人献身书法。为培养创作骨干，请来了著名书法篆刻家沙曼翁、苏白讲课，为河南篆刻起步打下了坚实基础。

笔　者： 您是书法艺术的社会活动家，您在河南组织了许多有重要影响的书法活动，请您介绍一下这方面的情况。

张　海： 展览，是对一定阶段创作水平的检阅，是书法活动中最常见、也是最重要的形式。千篇一律的书展，势必缺乏吸引力。我们努力使每一次展览各具特色，给人以清新之感。

中共中央政治局常委李长春（右二）、中共中央宣传部部长刘云山（左一）看望张海（左二）。

1984 年举办的第一届“中原书法大赛”，全省 17 个市地都派出了代表队，近千人集中在省人民会堂，当场挥毫比赛。此举在河南无疑是一次大发动、大宣传、大普及，使书法艺术在整个中州大地产生了广泛而深远的影响。启功先生曾做诗祝贺：“千人大赛古无俦，逐鹿书林笔墨遒。万木草堂诗句在，八方风雨会中州。”

1988 年、1992 年、1996 年又举办了第二届、第三届、第四届“中原书法大赛”。“中原书法大赛”获得了综合效果：河南的书法队伍形成了，书法在社会各界产生了深远影响，中原大地掀起了书法热。“中原书法大赛”可以说是河南书法史上的里程碑。创作队伍有了，我便开始抓理论队伍建设，接着就举办理论研讨会。不仅请王学仲教授讲授书论，还请吴丈蜀先生讲授古诗词、齐冲天教授讲授古汉语，力图促使中青年作者学者化。这一时期，各种各样的展览接踵而至，目不暇接。一系列形式各异、花样翻新的各类展览活动、研讨活动，培养锻炼了河南的书法创作队伍，使我省书法人才辈出。

过去说起书法，都称道江浙。但经过十多年的共同努力，现在是书界言必称“河南”。

1980 年全国第一届书展，共展出作品 450 件左右，河南入选仅 10

件，排在第 17 位。1980 年 5 月成立书协后，通过有效的工作，到 1985 年第二届全国书展入选 29 件，居全国第 7 位。1987 年第三届全国书展，入选 39 件，居全国第 2 位。1989 年第四届书展，河南入选 44 件。这一次评奖，全国获奖 50 名，河南 9 名，入选数、获奖数均居第一。1992 年第五届全国书展，入选数居第二，获奖数第一，8 件，占 1/6。而中国书协举办的另外两大展览“中国书坛新人新作展”、“全国中青年书法篆刻展览”入选、获奖数均在第一、第二位。

在全国三大书展中，入选、获奖，河南始终名列前茅。1997 年，为中国书坛所关注的河南书协“千百工程”开始启动。所谓“千百工程”，即从 1986 年开始，每四年举办一次“墨海弄潮展”，推出新人 20 余名；到 2000 年将举办五届，共 100 名作者。到那时，将集中展示这 100 人的创作成果，每人出版一本作品集，共 100 本；每人 10 件代表作，共 1000 件，即“千百工程”，世纪之交在北京展出，中国书协称此项工程为书法界的一颗原子弹。河南书协正是通过多种形式的有新意的书法活动，从而确立了河南书协在中国书协中举足轻重的地位。

1985 年，我们筹划成立了河南书协奖励基金，设立了“书法龙门奖”。每四年评一次，对于书法创作、篆刻创作、理论研究和书法组织工作的成绩卓著者，经民主评议，分别授予大师奖、金奖和银奖。

正是通过一系列的活动和新人的脱颖而出，奠定了河南书法在全国书坛的地位。河南书坛遂为海内外书坛所注目。

四、书法是一座走向世界的桥

笔　者：张先生，您认为中国书法艺术如何才能走向世界？

张　海：书法要走向世界，第一，中国的国力要强大，这一点是比较重要的，就像人民币，要想成为一种世界货币，你的国力必须强大，国力不强大不行。书法也是这样。第二，就是需要有志之士的共同努力。这一点，新加坡做得比咱们好。他们每年通过政府或通过旅游部门，派出相当数量的书法家，到欧洲各国去表演示范。因此，现在欧洲一些人只知道新加坡厉害、台湾厉害，而不知道我们的书法大师，为啥呢？原因很多，其中之一是由于经济条件的限制走不出去。

实践证明，交流和不交流大不一样。

早在 1980 年，我就主动与外事部门协调关系，积极参与对外文化交流活动。这几年，我们和海外所开展的交流活动非常频繁，不仅到东南亚，而且到加拿大等国家。日益增多的友好交流确实使我们大开眼界，感到了发展、繁荣书法艺术的紧迫感。

笔　者：依您的体会，作为一名书法家，达到什么样的境界，才能使书法创作更上一层楼？

张　海：一个人要想成就一番事业，比如书法，一定要义无反顾地投身于广阔的书法天地之中。同时，要有牺牲小我，成全大我的思想境界！

在强手如林的当今书坛，要想使我们的书法一枝独秀，冠压群芳，立于不败之地，必须有一批甘为艺术事业而献身的先行者、跋涉者。这种献身的意义就在于，先行者必以兴我中华、爱我民族为己任。

张海参加2008年奥运火炬传递活动。

书法，作为一种独特的视觉艺术、造型艺术，一种特殊的语言，它的根在中国。我们不能也不容许若干年后，在中国这片土地上书法艺术从我们这一代衰弱，而成为异国人的骄傲。我们不能再重演敦煌莫高窟的悲剧，我们不想再目睹圆明园那样的耻辱！我常想，我无论是走在哪国的国土上，我的血液里激烈地跳动着的是“中国”这样的音符！我们中国人啊，是世界上最优秀的民族，我们的国力多么需要进一步强大啊！一个民族什么最重要？是自强不息的精神，是国富民强的实力！我们为什么不能扬眉吐气地登上外国人的讲坛，我们为什么不能到莎士比亚的故乡、到达·芬奇的国度、到维也纳的艺术殿堂、到罗浮宫画廊去展示我们中国独有的书法艺术！

因此，在书法创作上，个人牺牲是局部的，一个有远见卓识的组织者就应该站在全局，换取更大的成功！同时，在这种大环境中，通过广泛地交流、切磋，自己的书艺也得以不断长进。正是这种开阔的视野，这种有形无形的激励，使你不能有半点懈怠！艺术的追求永无止境！要想成为出色的艺术家和称职的引导者，无疑要付出双倍的心血和代价，流下双倍的汗水，投入双倍的精力和智慧。为此，我无憾无愧无悔！

张海先生的一席话，无论是朴实无华地娓娓道来，还是慷慨激昂有感而发，我们聆听到的是这位当代艺术家的内心独白。他展示给我们的是坦诚、是胆识、是才华！此时，在我们的潜意识里，升腾起这样的预言：在中国书坛上，无疑将会留下张海所书写的浓重一笔！

艺术不但是超越国界的，而且人类的精神也是相通的。作为一代著名书法家、一个黄河文化的使者，我们祈愿张海先生率领更多的艺术家走出国门，在埃及的金字塔旁，在法国的艾菲尔铁塔下，在巴西的亚马孙河岸，在美国的自由女神像前，都留下张海先生传播中国文化的身影。

（蒋晔、李毓梅）

二月河简历：

二月河，本名凌解放，著名历史小说作家，汉族，1945年生于山西省昔阳县。高中毕业后入伍，1978年转业到南阳地委，40岁开始文学创作，以描述清代皇帝康熙、雍正、乾隆的三部长篇历史小说名闻天下。由《康熙大帝》、《雍正皇帝》改编的大型电视连续剧轰动海内外。《雍正皇帝》荣获河南省政府文学大奖、《乾隆皇帝》获“姚雪垠长篇历史小说奖”，他还获“八五”期间全国优秀长篇小说奖和全国优秀畅销书奖等十多项大奖。他还参与编写了电视连续剧《红顶商人胡雪岩》剧本、并出版了《二月河作品自选集》、《爝火五羊城》、《二月河语》和《二月河妙解红楼梦》等作品。

二月河：参悟人生大道

1995年1月，我和李毓梅大姐在郑州省委南院招待所、第一次拜访了声名鹊起的二月河先生，那一天谈的时间很长，话题集中在创作与人生方面。1945年出生的他，在我们相识的那一年，正值他50岁。古人说，五十而知天命，到了这个年头，随着人生的阅历丰富，使每个人都在自己的生命年轮中，升华了对人生大道的参悟程度，更何况进入了文学天地之间的作家呢？他们对人生的理解深度，肯定比普通人更深一层。

特别有意思的是，五十而知天命的二月河，是在四十而不惑那一年，真正不再迷惑于人生之路了，正因为他在四十岁那一年做出了决定一生命运的重大选择，他不再迷恋于官场、官道，而走上了实现自我价值、自我主宰人生命运的光明大道，所以，面壁十年、卧薪尝胆十年的二月河，才终于在五十而知天命、这一人生每隔一个十年而有一个大顿悟的周期中，有着不同于众人的知觉。

1995年4月14日，他在给我的信中写到：

蒋晔同志你好！

大札及样报都见阅了。

读你们文章很兴奋，仿佛又回到了年轻时候。感触是很多的。一是你们的精神状态，二是横溢的才华，三是你们冲动的创作情绪。信息量强大（文章所透出的）有一种勃勃的生气。当我意识到你们的社会追求时，我也同时意识到你们的前途。当今的青年人要做到这一点，本身已比我那时的盲目要高得多了：因为你们面临的社会生活层面，世俗的诱惑比我们那时要丰富强大得多。

所以我是很尊敬和佩服你们的。

在给毓梅的信中我谈了一些感想，总之，希望增强自我意识，采访名人、写名人同时贯注这种意识。如果说名人是过去和现在，那么你们是现在和将来，这是要一个更高更坚实的立足层面的。

听说郑州的市花是月季，这种花可贵处在四季不败，一个优秀的人手里做着一件事、写一件事的蓝图已在孕育，一朵月季在开，另几个花蕾又在形成绽开。希望你们永远有这自强精神。

好，就写这些，即颂

春祺

凌解放

四月十四日

由此可见他的知天命的程度。此后十年，我和二月河先生有不断地往来、交流，话题多在人生感悟方面，1999 年，我出版了一本《新世纪论语·人生札记》口袋本小册子，寄书一册赠与二月河，他给我打来电话，大加赞赏这本关于人生大话题的小书，并再索要 10 本。他说，这本书不能一口气读完，一口气只能品一句话，他要把这本书让他女儿随身携带阅读，并要送给他要好的朋友。2000 年冬季的某一天，此时我在双汇集团工作，我的老朋友、在宝丰县任副县长的赵法林邀我去考察双汇连锁店建设问题，他告诉我宝丰有一家“二月河茶馆”。我当时很是诧异，抱着好奇之心，立即前往，茶馆老板周分廷出来迎接，当他知道我是《新世纪论语·人生札记》的作者时，立即高兴地说：“凌老师送给我了一本，说了半天，你就是这本书的作者。咱们是自己人、自己人。”我笑着说：“看来这本书成了咱们接头的暗号啦！”

今年是二月河先生 60 岁的大吉大利之年，四十不惑、五十知天命的他，肯定在人生的境界上达到一个更高的高度。

一、精神旅行

《康熙大帝》、《雍正皇帝》、《乾隆皇帝》三部历史小说曾经被人们喻为“落霞三部曲”，而根据其改编拍摄的大型清代历史剧“康熙大帝”与“雍正王朝”的热播更是好评如潮。三部小说的作者二月河的名字，也因此在一夜之间家喻户晓。那么，二月河为什么要从这三个帝王入手、他要从中抒发自己的什么情感呢？

二月河讲：“我是写着玩儿哩，供大家解闷儿。”当我们十分不解地询问这一“写着玩”、“解闷儿”的真正含义时，他讲起了他为什么要围绕三个帝王而展开的精神旅程：“记得是1985年10月姚雪垠先生回南阳时，听说我在写《康熙大帝》，他约见了我。开始我们俩人躺着谈，后来坐起来谈。他的第一句话就问：你写《康熙大帝》要告诉大家什么呢？我说：是爱国主义思想。因为现在民族情绪、民族情感已经淡化到了令人不能容忍的地步。这种惰性，这种对社会、对人生的不负责任，已经到了不能容忍的地步。找一种什么样的东西，找哪一种题材，来表达我的这种忧虑，来振奋我们的民族精神呢？——我想，我即使不写《康熙大帝》，去写我熟悉的两汉、魏晋这段历史，我也会把这种现代意识反映进去。因为我有话要说。这与我自己的个人经历有关，同时也与我这个人这种比较执著地追求，对社会、对人生积极向上的精神是分不开的。也就是评论家孙荪说的卧龙意识、卧龙精神。这种精神、这种意识当然不是追求当官，而是对社会负责的一种追求。哪一个理论家如果看到我这个人在书中所深情关注的东西，看到书中所包含着的沧桑，这种泪水、这种血汗，就算是我的知音了。

十几年来，我走在一条很苦的道路上。在台湾版《康熙大帝·序言》里面我讲，在成功的道路上，有两种着陆法，一种是软着陆，一种是硬着陆。所谓软着陆，就是带上降落伞从高空飞机上跳下来，很稳当地着陆，沿着一条铺满鲜花的道路走；硬着陆，就是在高空飞机上眼一闭跳下来！为了着陆到《康熙大帝》这块领域上，我费了很多很多的精力。

我是23岁当兵，当的是工程兵。可以说是水淹过、火烧过、炮崩过、电打过、房屋塌了扣住过，还出过车祸……这种个人经历我不想多说，那只是肉体上的，还有些精神上的痛苦那就更是苦不堪言。所以，《康熙大帝》中，包含着我自己的一些人生经历。

《康熙大帝》这种题目写着非常困难。我在部队自学的时候，按顺序读完了二十四史，如果让我自己选择更合适、更熟悉的一段历史，那我应该选择魏晋、南北朝。为什么最后选择了清代？我考虑写清代更能贴近我们的现代生活。写汉光武帝，这位出自南阳的皇帝，有更多的民间传说，更容易写。可是，这个时代离我们太久远了，语言不好掌握，心理状态不好把握。而清代，他们的生活、语言，他们的思维方式，实际上和我们相去无几。他们的道德观念、伦理观念，人们认识问题的角度，实际上和我们并无多大的区别。这就容易使自己对社会、对人生、对历史、对政治经济等各方面的东西，有一种更容易融会贯通的理解和把握。

少数民族入主中原，第一次是五胡，第二次是元朝，第三次就是清朝。坐得最稳的也是清朝。在中国历史上，有这样一种说法：胡人无百年之运，只是几十年的江山。惟独清代在中国统治二百六七十年，十代皇帝。原因在什么地方？我认为满族人更谦虚，更尊重理解汉族文化的博大浩瀚。从康熙开始，要统治汉族人，就必须学习汉族人的统治形式，必须按照汉族统治阶级的形式来治理这个国家。清代不仅是学习吸收了孔孟之道，而且还搞了许多学术活动。通过这些学术活动，进一步推进了从宋元以来这一整套伦理道德上的完善。思想上的完善、经济上的发展，整个这一套，按照中原汉族文化去治理庞大的民族，所以说它就比较文明。这种文明，给我们带来的是一种封建社会的最辉煌时期。所以，康、雍、乾时期历来被称为中国封建社会的回光返照时期。中国政治制度、统治制度，都达到了最完善的地步。

我曾经把康熙和俄国彼得大帝进行比较，在治理国家的才能方面，康熙远远超过彼得大帝。彼得大帝时期，国内混乱，经济上不是那么发达。但是，彼得大帝时就开始大规模地修建铁路。这一点，康熙不如彼得大帝，这对康、乾来说，都是非常遗憾的。他们所谓完善，就是完善到自我觉得没有缺点，不需要任何新鲜东西了。乾隆就讲过这样的话：除了钟表，中国什么东西都不需要了。所以，如果是把康熙、雍正、乾隆看作是一个人系列的话，那么这就是一个庞大的社会悲剧。

在清代，一方面是文化辉煌，另一方面是思想禁锢，曹雪芹不是被摧残死了吗?！文化辉煌与思想禁锢统一在一个朝代内。《红楼梦》被视为淫书，这说明他们思想上的保守，容不得一点点民主气息。实际上《红楼梦》写的是一个女儿国，写的只是一点点要求个性解放。在清代，一点点的民主也不行。在我这部书中，一个坏女人也不写，一个婚姻上非常美满的喜剧也没有，我是有用意的。封建社会摧残个性的东西一个也不写，不能写啊！儒文化作为传统文化对我影响不小，但我是批判地吸收运用的。我在书中写的爱情故事，基本上是悲剧。我对儒学是比较认真探讨的，前些年批判孔学、孟学，过‘左’了。现在我们提倡国学，这是对的。我们不能泥古，应以发展的眼光对待，但要防止过‘右’。这就是我们要从康乾时期的封建体制中，去寻找到的社会悲剧之所在，这也就是我写这几本书的现实意义了。如果从社会意义上去理解，我们从小说中可以吸取很多的历史上的教训。总体上看，这几本书的价值应当是：给古人画像，让今人照镜子。

我特别注重精神愉悦，说穿了，人生的过程，其实是一种精神旅行的过程。我通过写作《康熙大帝》、《雍正皇帝》、《乾隆皇帝》这几部书，就是寻求理想生命的凝聚方式，寻求一种生命的力度，寻求一种历史责任感和事业心。”

二、耐得住寂寞

我们两次到南阳拜访二月河先生，他所居住的那个小院子里，还种着菜，完全是一种农家的生活状态，他的两层小楼，也很破落，与城市新居差距很大。他的书房，竟然小的、破的让你会觉得可怜，那把椅子，非常旧式，我坐在上面，感到很不舒服，硬邦邦的，与今天椅子的舒适度相比，简直是天地之别，我问凌老师：“你怎么不换一把椅子呢？”他讲：“怪得很，我就坐这把椅子产生灵感，坐别的椅子写不出历史感来。我写作时，必须用手写，我握笔写作时的感受，绝对和打电脑不一样。”

我继续问：“凌老师，南阳的整个生活条件，与大城市不能比，您为什么不愿意离开南阳呢？”他讲：“我不是没有考虑过这个问题，但我最后想想，大城市太浮躁了，天天这会、那活动，让人安静不下来，让人坐不住，这种生活方式时间长了，我就写不出东西来啦！南阳是个好地方，南阳这个地方的环境氛围非常好。南阳有一个非常好的作家群，这个作家群相当团结，不像别的地方的那些文人互相拆台。南阳这个地方人民非常喜欢我，我感觉非常好。一个作家如果没有良好的心境、没有那种良好的氛围，就算有再好的天分，也只能在创作中夭折。

南阳是个小舞台，外面是个大世界。我在北京、上海、广州、天津、深圳、东京、台北等地，都有固定的重点读者。我送书给他们，不要求什么，只要求他们经常将那里发生的事告诉我。我这个人有些方面很闭塞，有些方面是相当灵通的。不要使自己成为古董，我不愿成为那种人。我每天都要抽出时间了解社会各种信息，并充分了解观察生活，多接触社会，多参加社交活动，这样创作才有激情。经常有这种思想和行动，经常有这种上进的信念，才能延缓自己的艺术生命。谁都有衰老期，作品也会衰老，这是非常值得警惕的。我就是采取这种办法，始终保持着信息的沟通，保持着活跃的现代意识。”

穿草鞋的二月河。

谈到河南形象问题，二月河讲：“目前中国舆论界，主要是民间舆论界对河南有很多的微词、非议。我对此很不满意。我本人是山西人士。我从1948年离开山西，渡过黄河，来到河南，至今已经半个世纪多了。我是吃河南的米，喝河南的水长大的，是河南人养育了我二月河，是河南人栽培了我二月河。现在河南的人有‘难’，主要是外界对河南有很多不好的、不公平的评价，我二月河愿意与河南人共进退。一个人不能靠别人的可怜来解决问题。一方面河南要对过去的辉煌要有个总结，另一方面，要对现状有个清醒的认识，要认真的思考一下现在的问题。”

二月河是怎样从一个军人、南阳地委宣传部的小干部，一步步走上文学殿堂的？他告诉我：“我这个人跑过很多地方，小时候随父母在伏牛山剿匪，我7岁就坐火车跑洛阳、陕州（今陕县）。13岁时父母调走，我一个人留在洛阳。16岁他们又调走，我一个人留在邓县，所以个性、独立意识很强。我自己当过10年兵，挖煤、打坑道、修公路、筑河堤、盖房子，扛过200多斤重的水泥上死人崖。人间最苦最累的活我都干过，锻炼成了强健的体魄。

我年轻时没有想到当作家，甚至40岁也没有想过，严格地说原来是想当官。年轻时还研究过兵法。如果有什么愿望的话，便是自己更愿意成为一名将军。走到作家这条路上，完全是偶然的。

我在部队的时候，部队有一个图书馆。部队调防过程中，图书馆要清光，清光就是把图书全部集中到篮球场一把火烧了，晚上火焰升起四五丈高，好大好大一堆书。我是背书的，用麻袋装着书往火里扔，当时我从火堆里捡出一本《辞海》，一本《莱蒙托夫》诗集，一本《宋元学案》，还有什么，记不清了。自学是出于一种极度的精神饥饿。后来部队又重建图书馆，买了很多书。也就在解决自己精神饥饿的过程中，我读了大量的书。后来还研读了先秦诸子百家：《孔子》、《庄子》、《墨子》、《老子》这一类书。我当兵时23岁，33岁回来的，当了10年兵，整个自学就是这个过程，积累了不少东西。这种东西就像土一样，有了土，又有了水分，只要种子一有萌动的动机，就有芽了。

从部队转业回来后，到了南阳地委宣传部，又有一个小图书馆，就又开始营造起来。1978年十一届三中全会的召开，使中国人的思想来了一次大解放。真理标准的讨论，更使我鼓足了干劲，当时真有一种清新的感觉。我想，该做点正经事了，开始写点东西出来。于是，就为《河南日报》等报纸、杂志写写中州人物，总觉不够分量，没劲。于是就着手研究《红楼梦》。‘文革’刚过去，‘红学’还是专家们研究的领域，我想当研究这方面的知识分子。

那时，《红楼梦学刊》办得没有特色。我写了一篇研究文章寄去，杳无音讯，于是就给‘红学’专家冯其庸先生写信，并寄去稿子，要求冯老回信。当时，我在信中不客气地写道：我花了许多时间，费了很大精力，才写出了这篇稿子，寄走之后至今没有消息。‘红学’是人民的，不是红学家的。如果冯老看过这篇文章，认为我不是‘红学’研究的料，就请回信，我就不再搞这方面的研究了。没有想到，7天后，冯老回了信，并约见我，之后让我参加了1982年的全国第三次红学会。

在会上有人说：清代康熙皇帝是一位杰出人物，至今没有人去写他。我说，我来写。我当时就下了决心，要写康熙。

回来后就高密度准备资料，再精读《清史稿》了解整个历史人物、典章制度、风土人情，一直到1984年，长达近两年时间。

很多人热爱文学，做作家梦，但始终都不能成功。机遇是有的，更多的人没有成功，都是被拖垮的。我不能再写小打小闹的东西。当时我都是近40岁的人了，要干就是一锤子买卖。我读了那么多书，又有丰厚的积淀，所以才有信心写好。

说到这里，我一生感激两个人，一位是冯其庸先生，一位是我著作的责任编辑顾仞九先生。前者认识我时，我只是一个高中生水平的普通人；后者是在我完全处于困境之中时，勇敢地承担了出书的责任，把我的书献给了社会。

2001 年，蒋晔与二月河（中）、文学评论家孙荪（右）进行电视专访。

我的生命力极强，我无数次地被人打倒。在拳击台上，我是一个弱者；但是，我每次被打倒后，都能顽强地爬起来。”

在 2001 年 10 月 1 日，我在河南电视台人物栏目，以特邀嘉宾和主持人身份采访二月河先生时，他特别动情地说：“过去，老师说我是废物、垃圾、饭桶……把人间最能侮辱人的话都说尽了，到现在他们不敢来见我了。后来，我在南阳师范毕业生毕业典礼大会上讲：同学们，你们马上就要走上工作岗位，你们要记住，喜恶学生也许是人之常情，但希望你们不要把话说绝了，说绝了将来不好见面。

我耐得住寂寞，耐得住清贫，不求下海发财，不求做官、闻达；我是默默躬耕，执著探求。为了写《康熙大帝》，我累得一头黑发全脱落了。我的女儿常常抱住我的头，用手拨拉着，说：爸爸，你这里又有一分钱，这，这儿又有两分钱。别人以为我现在成功了，处在鲜花丛中，但谁知道我付出了一切代价。现在除了创作，其他一般的东西都腐蚀不了、引诱不了我。我讨厌无所事事的闲言，每个人干什么事都应该有坚强的毅力。在学习中感悟，在感悟中学习。先秦文学、诸子百家、二十四史、中外名著我都看，我还看金庸的武侠小说。要想了解多一点，就得有挖掘的精神和劲头。学无止境，上下求索，再掘一寸，就见黄金。”

三、最好把我的骨灰撒到黄河里去

二月河先生的几部大作问世以后，便很快引起社会的热烈反响，尤其是电视连续剧的推波助澜，更使二月河的名字声满海内外，明眼人一看便知道，中国百家姓中没有“二”这个姓，二月河也不可能说自己姓“二”、名“月河”。那么，大名凌解放的这个作家为什么把自己的笔名取得这么怪呢？

二月河讲出了其中的原委：“凌解放是我的大名，严格说不是父母所起。父母都是老革命，日本投降那年生了我，当时，上党战役胜利。前方胜利了，我父亲当时正在开会，我是抗战后他们生的第一个孩子，大家共同给我起了这个带有时代特征的名字。

二月河是笔名，其来由是，我小时候在黄河边上，三门峡、陕县那个地方有个太阳渡，上中下三个渡。小时候给我印象最深的是太阳，太阳落下来，整个黄河面上、整个邙山，呈现一派非常壮观的玫瑰紫色，像流淌着一河黄金。黄河到二月冰开，河中冰块如万马奔腾，非常壮观。二月河就特指黄河，我就曾说过，将来我死了以后，最好把我扔到黄河里去。

我这个人脆弱，常常联想到死。有两年，我连着两个春节，写了《寂灭的联想》、《寂灭再联想》，弄得朋友们大为惊慌，纷纷致信打电话，询问是否‘有病’。更有读者还想接着读我的书，生怕我学了三毛，写信来说：‘我们不愿要你死！’我不禁哑然失笑，我怎么能和三毛比呢？她是女的，我，是男的！其实生生死死都无所谓的。

范成大在诗中说‘纵有千年铁门槛，终需一个土馒头’。《笑林》中说‘城外一片土馒头，城里都是馒头馅’。由此而联想到土葬、火葬之优劣比较，似乎是‘世人都说神仙好，惟有此身忘不了，待到一命呜呼西，轻烟一股万事了’。我认为人死了就是死了，死了就是一种干干净净的完蛋。深挖洞穴而葬之，或像我的意愿向黄河里一撒，流水不腐，也不致造成多大麻烦。

我一向认为，我已参悟到了生死大道，以为死和生一样，都是自自然然发生出来的。二五之精妙合而凝，人生是化生，待到垂髦命尽，或突然一箭穿心，于是就灯灭。就像累了一天的工人、农夫晚上上床睡觉，或者如一本书完稿，送进了出版社，那是丝毫不必为此而忧伤的。一个人，倘若正正当当走完了自己一生艰难的路，临死的时候还吓得面无人色，或花容失色，不能说他卑鄙，至少说个'没意思'。我对一个朋友说过，我的一生，或是喜剧，或是悲剧，或是悲喜剧，但我不演丑剧。一切有形的东西都要消灭，那么无形的呢？我毕竟是人，物质的东西可以抛弃，但爱呢？这大自然、这阳光、这风雨雷电、这人，还有那许多的读者，甚至这隆冬干硬的秃枝乔木……都能一古脑儿地扔掉、无挂碍地飘然而去？可见我还不是像平素认为的那样脱俗，我还是有所牵挂的，我牵挂我的爱女和家庭，我牵挂那些爱我的和我爱着的人的痛苦，我也牵挂那条金色的黄河，那魂萦梦绕的太阳渡。我不会忘记，我是太阳渡的孩子。"

为祝贺二月河文学创作20周年暨六十大寿，他的一帮文学界的朋友为此张罗了起来，在这个过程中，作家周同宾特写打油一曲戏赠二月河：

二月河年交花甲。南阳的朋友们张罗做寿，商量几次，他不同意。最后，达成妥协，变通为文学创作20周年小型座谈会。他的《落霞三部曲》第一部《康熙大帝》1985年动笔，到如今地球绕太阳正好转20圈。

座谈会9月28日召开。这天是孔子诞辰2556周年，全球多处都在祭孔。开会的地方选在离王府山不远的文庙大成殿。此事的操办者或许别有用心。二月河的生辰乃是9月29日，比圣人晚一天。我戏言道："这就有点'亚圣'的味儿，岂不折杀二先生。"会上，理所当然地，都说了很多褒扬的话，一一罗列其著述成就，嘉言懿行，都很真诚，都很热情。看他默默听着，脸上平静，并不生动，更绝无得意忘形之陶醉状。我想，二月河早就不再需要泛滥的赞美，倒不如换换气氛，挑逗他乐一乐，哈哈一笑，皆大欢喜，更益于健康长寿。于是，便拿出了昨夜急急诌成的打油长诗一首诵读：

伏案太久，老趼生肘。幽窗孤灯忘更漏，并没有狐仙邂逅，却引来鬼剃头——发落似澳洲。不觉又见青丝如韭，竟忽然髡去效比丘。这下子闪亮登场更风流。曾卧龙亭鼾声吼，曾上荧屏真人秀，招摇过市长街走，买菜买馍买酱油。有女孩儿遗憾道："这人儿怎不似玉树临风灞桥柳。"

二十度寒暑堪回首，手稿堆积两丈厚，汗水浸透，心血浸透，倾吐千古家国忧。劳神耗力体不瘦，却销得尿糖直登鹳雀楼，结交上司马相如成病友，消渴弄得人难受。

巨著不胫而走，知音遍寰球。读者赞不绝口，也有论者说否。二月河消停依旧，从容依旧。早体会白云苍狗，早看惯流水浮沤；不采萍花即自由。闭门常作逍遥游，诗兴悠悠，画兴悠悠，临池挥毫龙蛇斗，万千意绪不胜收。

落霞长天铺锦绣，功已成，名已就，志已酬，鬓已秋，复何求？切切珍重好时候，少食肉，慎饮酒，烟别抽，少吃面粉多吃豆，闲时勤去河边遛，茶余饭后，看云卷舒，听鸟啁啾，中庭漫拈花蕊嗅。乐呵呵活到神龟寿，把花花世界诸般景致看个够。文章嘛，想写便写，不写便休，小心那约稿的编辑鞭打快牛。

抑扬顿挫念一遍，举座大笑，我已达到目的。二月河笑得前仰后合，儿童一般天真。带着余笑说道："你这是散曲，可以发表。"我算得"圣旨"（只是没有"钦此"）。于是，再作斟酌，"奉旨"送给读者。这就又多了一篇作品，多赚几文稿酬，划算。

如何看待评论家对他作品的评价，他说："我接到不少读者来信，他们说读了之后放不下。对于受到好评，别人说我好，我还是高兴。因为我和常人一样，也是血肉之躯，如果有人掴我一巴掌，我也不会高兴的。不是说对好评不在意，我不能过多地去讨好文艺评论家。因为最基本的是你用什么东西去征服人。用什么东西让人家动心，还是要靠自己的作品，而不是凭自己别的什么。我不愿意刻意地去追求别人的评论，我不管评论家如何评论。我的话再直率一些，如果是在学术界、评论界、理论界和读者之间必须得罪一方的话，我宁愿得罪评论家、理论家，当然不是指个人。因为一部书的生命，它存在的价值，最终决定这部书命运的尺子不掌握在评论家手中，而是掌握在读者手中。"

二月河非常关注和读者的沟通，他曾经写过一封《致读者》信，在信中他说：

读者君：您好！

二月河在您面前，凝视着您。离得这样近，像案上的稿纸和我的眼睛一样近。为我创造安谧入境氛围的檀香和我手中的香烟都是殷红的焦首，是默默地袅袅地缕缕融合着它们的柔丝。每当静夜孤灯之下，临颖命笔前，我就这样沉吟而坐，思量着您，也思量自己。像面对上帝的末日审判，又像要对一个冷峻威严的心上人写情书，既坦然得似乎要听天由命，又栗栗然您的决裁，生怕您拂袖而去。每当拉开二百多年前这一庞大的社会悲剧帷幕前，要将我的心，经过升华和演化，变成一个个灵动的人来代我向您倾诉，我的心都要这样瑟瑟颤抖。恐惧、气馁、畏缩、冲动、自信和强劲。这些绝然相背的各种情愫心绪全扭结在了一起。凌驾于作品一切人物的勃勃心和小学生付考交卷的惴惴心，就是这样交织。这样驳杂纷乱。

我想，我是一直想买通您，买通我的上帝，这当然不能用金钱，这只能是剖开自己的心，连血都呈给您。或者，我说“或者”可能买通您，我还不敢说“一定”二字。有时我读别人的书，这时我也是上帝，由我挑剔和通情达理，可以推知您的心——我恐怕只有这样作才成了……

就在这样的心境下，十几年如一日，五百万字。写废了的稿纸可以将我的书房平铺至五十层。当我看到有读者冒着武汉38度的高温求购我的书，当我知道一位台湾大学生假期打工挣钱购我的书，当我听到一位老教授说这是她“最后要看的一部书”，当我见到买到盗版书的读者，寄来一本五十多页四通机打印的正误勘表，我知道，我至少部分地赢得了您的心。我稍许有一丝欣慰的笑容。然而这些笑容里也带着苦涩。每入新华书店，见到工薪阶层的穷读者，踌躇再三，或掏出带着体温的钱换我的书，我反复筹思必然离去，那一点儿“欣慰”顿时化为忧郁：有钱的主儿可以一掷万金追欢买笑，但不买书；但上帝却没有钱！仅《康熙大帝》已发现八种盗版，《雍正皇帝》更盗得七颠八倒语不成句读，堂堂正正的出版家却徒唤奈何！就我而言，一介书生三尸微命，也只好叹息一声。

我自有一份骄傲的。从幼颠沛磋跌，冲波逆折，劳作极苦之境中坚忍志学。四十岁之前无只言片语文学作品，而白手夺刃。“张空拳于战文之场，策蹇步于利足之途”（白居易语），于四十一岁发轫。连出十三部书，声势咄咄。虽迭迭付梓，没有哪个编辑曾受我杯水之情；虽连连受奖，没有哪个评委曾接我飞媚一眄——我觉得踏实极了。

但我是读完了（基本）二十四史的人，有斟酌自己分量的能力。我知道，鲜花桂冠掌声微笑这都是纸糊的名号过眼的烟云，它不重要。明白这个，它就腐蚀不了我。我追求您，只愿发挥自己的力到极致。我知道这是在追求一种不可能的完美，也知道它们都有许多令人遗憾甚至讨嫌的缺陷，从来没有想把它们和古今的名著一起联想到一处过，我只知道已把吃奶的劲都使出来了，这就够了。

所以我并不快活，甚至有一种抹不去的淡淡的哀愁。

如今已颇有几位专业记者看好我的《雍正皇帝》，甚或认为它是“百年不遇的佳构”。必须诚实地说，我很感动也很感激，且引以为知己——因为这实际上正是我所努力所欲达到的期望。就人之常情而言，似乎也要比掴我一掌受用得多。然则盛名之下难副其实，誉之暴起谤必随之。就是些闲话罢了，但我忙得发昏，一心想清静，不想听闲话（作品本身疵谬的指教不是谤），更没有时间去辩谤。即如听书房里一头胡蜂碰窗户玻璃，它就那么哼哼个没完，烦人不烦人？我需要安静。

有许多批评家谈到我的作品，说里边随心涉趣，文章典故信手拈来。其实我自己知道，那是“马陷沙行迟”式的跋涉印迹，被技术性处理成了“轻松”，谈何容易呢！每一部书对我来说都是一个撒哈拉大沙漠。自带干粮自带水走路……而我已经穿越了十三个了。我需要绿洲，需要天上的雨，需要力量。

“部部好看，本本畅销”，这是一些读者的信和文章里的话。读者的反应和我心里的感应，我不能不受不敢全受。负重的骆驼会被最后一根羽毛压垮，而跳高运动员无不以最后的失败而告终。望之弥切，失望愈重，这一份期望值，压迫得我愈来愈谨慎，走得也愈缓了。即使如此，强弩之末势不破鲁缟。我恐惧于一日“凌郎才尽”（我本姓凌）您厌倦了我。这是绝无办法的事，但我希望还能和您会心一笑友好诀别——我需要理解。

唉……且住笔吧。

即颂夏祺

接着，二月河告诉我：“我不同意把《落霞》三部曲定义为‘帝王’系列。我不是在写帝王本身，而是反映那个时代的政治、经济、文化等多方面的。文学创作者离文坛越远越好。不要总觉得自己是个作家，要有平常人的心态。近几年，我以休养生息为主，但是，每天都在写一些短文，有的是报纸杂志的约稿。我希望从中体会到写作的快乐。

我现在有两点希望：一是希望大家不要对我期望太高。对任何一个创作是这样，对人也是这样。世界上没有不落的太阳。我总有一天会写不动，或者读者感到厌烦的时候，就应该赶快停住笔。二是希望社会上的干扰少一点。不管我是几点钟的太阳，我觉得自己还能再做点事，我希望保持良好的心态。”

打造精品图书　竭诚服务三农

河南大学出版社

读者信息反馈表

尊敬的读者：

感谢您购买、阅读和使用河南大学出版社的＿＿＿＿＿＿＿＿＿＿一书，我们希望通过这张小小的反馈表来获得您更多的建议和意见，以改进我们的工作，加强我们双方的沟通和联系。我们期待着能为您和更多的读者提供更多的好书。

请您填妥下表后，寄回或发 E－mail 给我们，对您的支持我们不胜感激！

1. 您是从何种途径得知本书的：

□书店　□网上　□报刊　□图书馆　□朋友推荐

2. 您为什么决定购买本书：

□工作需要　□学习参考　□对本书感兴趣　□随便翻翻

3. 您对本书内容的评价是：

□很好　□好　□一般　□差　□很差

4. 您在阅读本书的过程中有没有发现明显的错误，如果有，它们是：

＿＿＿＿＿＿＿＿＿＿＿＿＿＿＿＿＿＿＿＿＿＿＿＿＿＿＿＿＿＿

＿＿＿＿＿＿＿＿＿＿＿＿＿＿＿＿＿＿＿＿＿＿＿＿＿＿＿＿＿＿

5. 您对哪一类的图书信息比较感兴趣：＿＿＿＿＿＿＿＿＿＿＿＿＿＿＿

＿＿＿＿＿＿＿＿＿＿＿＿＿＿＿＿＿＿＿＿＿＿＿＿＿＿＿＿＿＿

6. 如果方便，请提供您的个人信息，以便于我们和您联系（您的个人资料我们将严格保密）：

您供职的单位：＿＿＿＿＿＿＿＿＿＿＿＿＿＿＿＿＿＿＿＿＿＿＿

您教授的课程（老师填写）：＿＿＿＿＿＿＿＿＿＿＿＿＿＿＿＿＿

您的通信地址：＿＿＿＿＿＿＿＿＿＿＿＿＿＿＿＿＿＿＿＿＿＿＿

您的电子邮箱：＿＿＿＿＿＿＿＿＿＿＿＿＿＿＿＿＿＿＿＿＿＿＿

请联系我们：

电话：0371－86059712　0371－86059713　0371－86059715

传真：0371－86059713

E－mail：hdgdjyfs@163.com

通讯地址：450046　河南省郑州市郑东新区 CBD 商务外环路商务西七街中华大厦 2304 室

河南大学出版社高等教育出版分社